Sylvie Gauthey / Catherine Morel-Groove

Fundgrube Französisch

Kostenloses Zusatzangebot für die Käufer der Fundgrube:

Kopiervorlagen und Materialien im Internet

Kopiervorlagen und Materialien dieser Fundgrube bieten wir Ihnen als kostenloses Zusatzangebot auch online an.

Sie können diese Materialien und Kopiervorlagen verändern und Ihren Bedürfnissen anpassen, da diese im Word-Format angelegt sind.

Als Bonus stehen Ihnen online weitere ausgewählte Cornelsen-Materialien für Ihre Unterrichtsvorbereitung kostenfrei zur Verfügung.

Wie finden Sie diese editierbaren Versionen der Kopiervorlagen? Rufen Sie einfach die Internetseite www.cornelsen.de/fundgruben auf und geben Sie dort Ihren unten genannten Webcode ein. Sie werden dann unmittelbar zu den Materialien weitergeleitet.

Cornelsen online http://www.cornelsen.de/fundgruben

Ihr Webcode für den Zugriff auf das Material: FGFZ221828

Die Autorinnen

Sylvie Gauthey unterrichtet an einer Realschule in NRW, an der sie auch Fachleiterin für Französisch ist. Sie verfügt über langjährige Erfahrung in der Erwachsenenbildung und ist auch als Referentin und Autorin tätig.

Catherine Morel-Groove ist Lehrbeauftragte an der Fachhochschule Dortmund und am Sprachenzentrum der Universität Dortmund. Sie arbeitet auch als Autorin und kann auf langjährige Erfahrungen in der Erwachsenenbildung zurückgreifen.

Sylvie Gauthey /
Catherine Morel-Groove

Fundgrube Französisch

[Neue Ausgabe]

Cornelsen
SCRIPTOR

Die in diesem Werk angegebenen Internetadressen haben wir überprüft (Redaktionsschluss Juni 2006). Dennoch können wir nicht ausschließen, dass unter einer solchen Adresse inzwischen ein ganz anderer Inhalt angeboten wird.

Nicht in allen Fällen war es uns möglich, Rechteinhaber für Texte und Bilder ausfindig zu machen. Berechtigte Ansprüche werden selbstverständlich im Rahmen der üblichen Vereinbarungen abgegolten. Wir bitten um Verständnis.

Abbildungsnachweis: S. 91, 198: © picture-alliance/dpa

Cornelsen online http://www.cornelsen.de

Bibliografische Information: Die Deutsche Bibliothek verzeichnet diese Publikation in der Deutschen Nationalbibliografie; detaillierte bibliografische Daten sind im Internet über http://dnb.ddb.de abrufbar.

Dieses Werk folgt den Regeln der deutschen Rechtschreibung, die von August 2006 an gelten.

5.	4.	3.	2.	1.	Die letzten Ziffern bezeichnen
10	09	08	07	06	Zahl und Jahr der Auflage.

Redaktion: DAS LEKTORAT Monika Kopyczinski, Berlin
Korrektorat: Béatrice De March, Berlin
Herstellung: Brigitte Bredow, Berlin
Illustrationen: Antje Kahl, Berlin
Karten: Rainer J. Fischer, Berlin
Umschlagentwurf: Simone Büchner, Berlin,
unter Verwendung einer Zeichnung von Klaus Puth, Mühlheim
Layout und Satz: FROMM MediaDesign GmbH, Selters/Ts.
Druck und Bindearbeiten: Clausen & Bosse, Leck
Printed in Germany
ISBN-13: 978-3-589-22182-0
ISBN-10: 3-589-22182-8

Gedruckt auf säurefreiem Papier,
umweltschonend hergestellt aus chlorfrei gebleichten Faserstoffen.

Inhalt

Préface

Zehn Jahre sind seit der ersten Fundgrube für den Französisch-Unterricht vergangen – eine sehr lange Zeit in unserer schnelllebigen Welt. Deshalb haben wir eine fast komplett neue Fundgrube geschrieben. Unser Hauptanliegen dabei war, sie so praktisch wie möglich zu gestalten. So haben wir in jedem Kapitel kopierbares Material, konkrete Projektideen oder Übungen eingefügt.

Die Fundgrube ist für alle Französischlehrerinnen und -lehrer bestimmt, für jede Schulform und jede Klassenstufe. Es ist natürlich klar, dass nicht jedes Kapitel für alle gleich relevant ist. Die Fundgrube ist auch nicht ausschließlich für den Unterricht gedacht, sondern auch als Informationsquelle für Lehrende, die nicht stundenlang im Internet recherchieren wollen oder können. Sie ist auch für jene nützlich, die nicht die Möglichkeit haben, oft nach Frankreich zu fahren, um sich auf dem Laufenden zu halten.

Bei den Sprachspielen haben wir Material für die Sek. 1 und die Sek. 2 ausgesucht, das wenig bis gar keine Vorbereitung benötigt und mit dem Sie Ihren Unterricht lebendiger und attraktiver gestalten können. Wir haben es getestet und gute Erfahrungen damit gemacht.

Kapitel, die vorrangig als Lesekapitel gedacht sind, wie „Régions et recettes", „Thèmes d'actualité" oder „La Francophonie" haben wir in einem einfachen Französisch verfasst, so dass sie auch in Oberstufenklassen einsetzbar sind. Auch in diesen Kapiteln bieten wir Ihnen konkrete Übungen oder Projektvorschläge an: Entdecken Sie eine Region über ihre Nationalparks, kochen Sie gemeinsam eine „Piperade" aus dem Baskenland, organisieren Sie ein Fest der Francophonie in der Schule etc.

Die Sprache entwickelt sich rasend schnell. Es entstehen neue Wörter für neue Situationen. Wir haben für Sie in „La langue d'aujourd'hui" eine Liste von Wörtern und Ausdrücken zusammengestellt, die es Ihnen und Ihren Schülern ermöglicht, sich leichter mit dem heutigen Französisch zurecht zu finden, aktuelle Zeitungsartikel, Filme oder Lieder besser zu verstehen.

„Ich möchte gern in Frankreich studieren."
„Wie bekomme ich einen Praktikumsplatz in Frankreich?"
„Es wäre schön, Übungen im Internet zu finden, damit meine Schüler das Passé composé üben können."
„Wie komme ich an Infos über Burgund oder Paris?"
„Ich suche Zeitungsartikel über das Problem der Banlieues."
Für die Antwort auf diese und weitere Fragen finden Sie Internetadressen im Kapitel „Adresses et méls utiles".

Dies und noch viel mehr bietet Ihnen die Fundgrube Französisch, die für Sie, hoffen wir, eine Schatztruhe sein wird.

Sylvie Gauthey, Catherine Morel-Groove

1 Jeux linguistiques

In diesem Kapitel finden Sie Sprachspiele, Quiz, Rollenspiele und andere Anregungen um Ihren Unterricht attraktiv zu gestalten.
Diese Spiele können mit wenig bis gar keiner Vorbereitung durchgeführt werden. Wir haben sie nicht erfunden, sondern es sind Spiele, die wir im Laufe der Jahre zusammengetragen haben und die unserer Erfahrung nach am besten „funktionieren".

1 Jeux pour toute la classe

1 Le jeu de l'alphabet

Objectif : prononciation des lettres de l'alphabet

Durée : 5 à 10 minutes

Matériel : aucun

Niveau : Sek. 1

Chaque élève écrit plusieurs mots dans son cahier. Un élève commence, il choisit un mot et l'épelle le plus vite possible. Les autres doivent trouver de quel mot il s'agit. Le premier à deviner le mot épelle à son tour un des siens.

2 Quelle heure est-il ?

Objectif : l'heure

Durée : 10 minutes

Matériel : aucun

Niveau : Sek. 1

L'enseignant écrit une heure au tableau. Il sépare les heures des minutes par un point. Puis, en dessous, il ajoute un chiffre et tire un trait. Puis, il pose la question : « Quelle heure est-il ? »

Un élève donne la réponse, l'enseignant l'écrit au tableau sous le trait. Exemple :

$$\begin{array}{r} 14.15 \\ +\quad 30 \\ \hline 14.45 \end{array}$$

Pour rendre le jeu plus efficace, la réponse « quatorze heures quarante-cinq » n'est pas admise mais seulement « il est trois heures moins le quart ». On continue en utilisant le résultat obtenu comme base pour une nouvelle addition.

3 Mots tronqués

Objectif : révision de vocabulaire

Durée : 5 à 10 minutes

Matériel : aucun

Niveau : Sek. 1

L'enseignant écrit en majuscules une suite de consonnes au tableau. Celle-ci représente un mot sans voyelles, exemple :

FRMR = FERMER

L'élève qui trouve le mot vient l'écrire au tableau. Puis les élèves peuvent chercher eux-mêmes des suites de consonnes et les proposer à leurs camarades.

Variante : On peut proposer une suite de lettres sans la première et la dernière lettre du mot, exemple :

AMED = SAMEDI

4 Le distrait

Objectif : vocabulaire

Durée : 15 à 20 minutes

Matériel : aucun

Niveau : Sek. 1

Tous les élèves sont assis en cercle. Chaque élève dit un mot à l'enseignant, n'importe lequel. L'enseignant invente une histoire dans laquelle il utilise les mots des élèves. Chaque fois que son mot est dit, l'élève doit se lever puis se rasseoir. S'il oublie, il devra faire un gage. Exemples de gage : courir autour du cercle, demander l'heure en français, conjuguer un verbe, etc.

5 L'alphabet parlé

Objectif : alphabet et orthographe

Durée : 10 minutes

Matériel : aucun

Niveau : Sek. 1

Attribuer oralement une ou deux lettres de l'alphabet à chaque élève. L'enseignant dit un mot et chaque élève dont la lettre attribuée apparaît dans ce mot doit se lever chacun à son tour, dire sa lettre et se rasseoir. Par exemple l'enseignant dit « sac ». L'élève « s » se lève, dit « s » et se rassoit, puis l'élève « a » se lève, dit « a » et se rassoit, etc.

6 On fait des phrases

Objectif : structure de la phrase

Durée : 10 minutes

Matériel : cartes avec élément de phrases

Niveau : Sek. 1

L'enseignant a préparé des cartons comportant chacun un mot ou un élément d'une phrase. Exemple : le – chat – mange – la – souris. Il distribue ces 5 cartons au hasard dans la classe. Les cinq élèves se lèvent et viennent se placer dans le bon ordre devant le reste de la classe en tenant leur carton de sorte que leurs camarades puissent les lire. Ceux-ci décident si la phrase est correcte ou non. Puis l'enseignant distribue à d'autres les éléments d'une autre phrase.
Ce jeu est aussi très efficace pour faire comprendre aux élèves la place de la négation et/ou des pronoms objets.

7 Je m'appelle et j'habite

Objectif : jeu de mémoire

Durée : 10 minutes

Matériel : aucun

Niveau : Sek. 1

Le 1er élève dit son prénom et la ville dans laquelle il habite et dont la 1ère lettre doit commencer par la 1ère lettre de son prénom. Exemple : « Je m'appelle Anne et j'habite à Annecy, et toi ? » Le 2ème élève répond : « Je m'appelle Mark et j'habite à Marseille. » Et il rappelle le nom et la ville de l'élève précédent : « Anne habite à Annecy. » Et ainsi de suite, le 5ème élève ne rappelle pas le premier de la liste.
Pour rendre le jeu plus facile et pour que les élèves ne choisissent pas seulement des villes allemandes, il est souhaitable de faire une liste de villes au tableau avant de commencer le jeu.

Variante : Le même principe mais remplacer les noms de villes par des choses qui se mangent : « Je m'appelle Caroline et j'aime le chocolat. »

8 Le code secret

Objectif : alphabet et révision du vocabulaire

Durée : 10 minutes

Matériel : aucun

Niveau : Sek. 1

Remplacez chaque lettre par la lettre qui suit dans l'alphabet et trouvez des spécialités françaises.

Exemple : KZ AZFTDSSD La baguette

1. KD LHKKDEDTHKKD
2. KZ BGNTBQNTSD ZKRZBHDMMD
3. KDR DRBZQFNSR CD ANTQFNFMD
4. KD BZRRNTKDS CD SNTKNTRD
5. KZ ENMCTD RZUNXZQCD
6. KD ANDTE ANTQFTHFMNM
7. KDR SQHODR MNQLZMCDR
8. KD BGZLOZFMD

9. KZ ANTHKKZAZHRRD CD OQNUDMBD
10. KDR BQDODR AQDSNMMDR

Variante : On peut grâce à ce jeu réviser toutes sortes de vocabulaire.

9 Dans le bon ordre

Objectif : comprendre un nombre

Durée : 15 minutes

Matériel : cartes avec chiffres de 0 à 9

Niveau : Sek. 1

Chaque élève reçoit un carton avec un chiffre. Lorsque les équipes de 10 sont prêtes, l'enseignant dit un grand nombre, par exemple 12 298. Les élèves porteurs de ces numéros dans chaque équipe doivent venir se ranger dans le bon ordre face aux autres joueurs. La première équipe à avoir reconstitué le bon nombre dans l'ordre marque un point.

10 A la recherche d'une famille

Objectif : révision de vocabulaire

Durée : 15 minutes

Matériel : cartes avec mots

Niveau : Sek. 1

Les élèves forment un cercle, l'enseignant distribue à chacun une carte avec un mot. Avant de commencer le jeu, il est interdit de montrer sa carte aux autres. Ils doivent ensuite partir à la recherche d'un ou plusieurs autres élèves qui ont un mot ayant quelque chose en commun avec le leur. Ils ne savent pas à l'avance s'ils vont trouver un ou plusieurs partenaires. Ils peuvent se montrer leur carte ou murmurer leur mot. Quand toutes les familles sont complètes, le groupe lit à haute voix tous les mots et trouve le terme générique.

Exemples de familles :
Famille : grand-mère, frère, sœur, fille, fils, neveu, nièce, oncle, tante
Véhicules : voiture, bus, car, camion, moto, mobylette, train
Couleurs : rouge, bleu, noir, violet, rose, blanc, marron, jaune
Meubles : table, armoire, chaise, buffet, commode, lit, placard

Animaux : chat, chien, lapin, lion, vache, cochon d'Inde, tigre, oiseau
Pays : Allemagne, Angleterre, France, Italie, Suisse, Autriche
Sports : tennis, football, natation, cyclisme, judo, tennis de table
Vêtements : jupe, pantalon, chaussures, manteau, imper, casquette
Professions : boulanger, boucher, secrétaire, vendeur, chauffeur de taxi

Variantes : on peut également faire des familles avec des points grammaticaux (les participes passés en « i » ou « u » ou des mots qui riment : passion, champion, champignon ou colle, vole, molle, etc.)

11 Qui connaît la réponse ?

Objectif : révisions

Durée : 1 heure de cours

Matériel : cartes de trois couleurs différentes avec questions

Niveau : Sek. 1 et 2

Au préalable, l'enseignant a préparé des fiches de trois couleurs différentes (rouges, bleues, vertes) avec au recto le nombre de points qu'une bonne réponse rapportera :

- 10 pour une question facile,
- 20 pour une difficulté moyenne,
- 30 pour les questions les plus difficiles

et au verso des questions :

- sur le contenu d'une leçon ou d'un sujet qu'il veut réviser avec la classe,
- des mots de vocabulaire dont les élèves devront donner la définition,
- des mots ou expressions à traduire dans les deux sens.

Avant ou en début de cours, l'enseignant dessine la grille ci-dessous au tableau :

Questions sur le contenu de la leçon	Définitions	Traduction du français vers l'allemand	Traduction de l'allemand vers le français
10	10	10	10
20	20	20	20
30	30	30	30

Puis il divise la classe en deux groupes (le groupe « côté porte » et le groupe « côté fenêtre » par exemple). Et le jeu peut commencer : le premier groupe choisit une rubrique et un nombre de points (par exemple : définition, 20 points). Le meneur de jeu lit la carte correspondante. Seuls les élèves du groupe en question sont autorisés à répondre. Ils peuvent se mettre d'accord sur la personne qui répondra ou l'enseignant choisit parmi ceux qui lèvent le doigt. Si la réponse est bonne, l'équipe reçoit le nombre de points inscrits sur la carte. Si la réponse est incorrecte, l'autre équipe peut tenter sa chance. Si elle répond bien, c'est elle qui marque les points. Le meneur de jeu barre alors la case du tableau correspondante. Quand toutes les cases ont été choisies, le jeu est terminé et on compte les points de chaque équipe.
S'il y a un nombre impair d'élèves, un élève prendra le rôle du meneur de jeu.

Variante : Lors d'un cours précédent, les élèves peuvent préparer eux-mêmes des questions sur le domaine proposé par l'enseignant.

12 Le tour de France

Objectif : révision des connaissances sur la France

Durée : 1 heure de cours

Matériel : pour chaque groupe : une grille de jeu, un dé, des pions, les cartes « questions » et « activités »

Niveau : Sek. 2

Divisez la classe en groupes de 4 ou 5. Chaque groupe reçoit une grille de jeu, un dé, des pions de couleurs différentes, les cartes « questions » et « activités » découpées auparavant.
Le plus jeune joueur du groupe lance le dé le premier. S'il a un six, il commence. Il relance le dé. Si son pion tombe sur une case avec un point d'interrogation, il doit répondre à une question. S'il connaît la réponse, il continue et relance le dé. Si son pion tombe sur une case avec une bouche, il doit prendre une carte « activités » et faire ce qui lui est demandé. Les autres joueurs du groupe jugent s'il a rempli sa tâche correctement ou non. Le gagnant est celui qui passe l'arrivée le premier.

Variante : En fin d'année, les élèves peuvent rédiger eux-mêmes leurs questions en reprenant les thèmes de toutes les leçons de leur livre de français. L'enseignant peut aussi photocopier la grille de jeu sur un transparent. C'est lui, dans ce cas qui pose les questions. Il y a alors un pion par groupe et les élèves suivent l'avancée des pions sur le rétroprojecteur.

Tour de France

(Cartes « questions » à découper)

1. De quelle couleur est le drapeau français ?	2. Nommez une spécialité culinaire française.	3. Nommez trois acteurs ou actrices français.
4. Au bord de quel fleuve trouve-t-on de célèbres châteaux ?	5. Comment s'appelle la célèbre course cycliste qui a lieu chaque année en été ?	6. Sur quel fleuve, Paris est-il situé ?
7. Nommez les trois plus grandes villes françaises.	8. Que fête-t-on le 14 juillet ?	9. Citez trois pays où l'on parle français.
10. Qui a écrit « Le petit Prince » ?	11. Avec quels pays la France a-t-elle des frontières ?	12. Où se déroule le célèbre festival de cinéma de France ?
13. Citez trois écrivains français.	14. Qui a écrit « Les Misérables » ?	15. Quelle institution se trouve à Strasbourg ?
16. Comment s'appelle le célèbre monument symbole de Paris ?	17. Quelle est la province d'origine du cidre et du camembert ?	18. Comment s'appelle le dessert que l'on mange à Noël ?
19. Citez un quotidien français.	20. Nommez deux présidents de la République française.	21. Que signifie « TGV » ?

(Cartes « questions » à découper)

22. Quelle est la plus haute montagne de France et d'Europe ?	23. Citez deux départements d'outre-mer.	24. Dans quelle ville, le Rhône et la Saône se rencontrent-ils ?
25. Quelle est la spécialité culinaire de Marseille ?	26. Combien de départements y a-t-il en France ?	27. Quel animal symbolise-t-il un peu ironiquement la France ?
28. Quel roi a fait construire le château de Versailles ?	29. Dans quelle école vont les enfants après l'école primaire ?	30. Qu'est-ce que les frères Lumière ont inventé ?
31. Dans quelle ville française est construite une partie de l'avion européen Airbus ?	32. Qu'est-ce que « l'Euro-Star » ?	33. Citez trois marques d'automobiles françaises.
34. La galette des rois, qu'est-ce que c'est ?	35. Qui est « Marianne » ?	36. Quel festival a lieu dans la ville d'Angoulême chaque année ?
37. Qu'appelle-t-on « l'Hexagone » ?	38. Comment s'appelle l'examen que passent 80 °/₀ des jeunes Français à 18 ans ?	39. Combien d'habitants y a-t-il en France ?
40. Dans quelle mer la Seine se jette-t-elle ?	41. Comment le roi Louis XVI est-il mort ?	42. Qui étaient les ancêtres des Français ? (Pensez à Astérix et Obélix)

Solutions :

1. bleu, blanc, rouge,
2. quiche lorraine, crème caramel, mousse au chocolat ...,
3. Jean Réno, Gérard Depardieu, Juliette Binoche, Audrey Tautou ...,
4. la Loire,
5. le Tour de France,
6. la Seine,
7. Paris, Lyon, Marseille,
8. C'est le jour de la fête nationale qui commémore la prise de la Bastille,
9. la Belgique, le Luxembourg, la Suisse, le Canada (Québec) ...,
10. Antoine de Saint-Exupéry,
11. la Belgique, le Luxembourg, l'Allemagne, la Suisse, l'Italie et l'Espagne,
12. à Cannes,
13. Colette, Marcel Camus, Honoré de Balzac, Emile Zola ...,
14. Victor Hugo,
15. le Parlement européen,
16. la Tour Eiffel,
17. la Normandie,
18. la bûche de Noël,
19. le Monde, Libération, le Figaro,
20. Charles de Gaulle, François Mitterand, Jacques Chirac ...,
21. train à grande vitesse,
22. le Mont Blanc 4807 m,
23. la Martinique, la Guadeloupe,
24. Lyon,
25. la bouillabaisse,
26. 96 départements en France métropolitaine plus 4 DOM,
27. le coq,
28. Louis XIV,
29. au collège,
30. le cinéma,
31. Toulouse,
32. le train qui relie Paris à Londres par le tunnel sous la Manche,
33. Citroën, Peugeot, Renault,
34. le gâteau que l'on mange le jour de l'Epiphanie et dans lequel est caché une fève,
35. la femme qui symbolise la République française,
36. le festival de la BD,
37. la France à cause de sa forme qui ressemble à cette figure géométrique à six côtés,
38. le bac(calauréat),
39. 61 millions environ,
40. la Manche,
41. il a été guillotiné,
42. les Gaulois.

(Cartes « activités » à découper)

C'est l'anniversaire de ton ami/e, qu'est-ce que tu lui dis ?	Aimerais-tu ou non vivre en France ? Et pourquoi ?	Explique la différence entre un repas allemand et un repas français.
Invite ta/ton voisin/e à sortir avec toi, samedi prochain.	Tu es dans un restau-rant en France mais tu ne comprends pas la carte. Qu'est-ce que tu fais ?	Tu es malade. Tu vas chez le médecin et tu lui décris ce qui ne va pas.
Tu es dans une ville en France. Tu ne sais pas où se trouve l'office de tourisme. Tu demandes ton chemin à un passant.	On t'a volé ton appareil photo. Tu vas au commissariat et tu expliques ton problème à un agent de police.	Tu as oublié ton sac dans le bus. Tu vas au bureau des objets trouvés et le décris à l'employé.
Décris une coutume différente en France et en Allemagne.	Tu es dans un café en France, tes amis ne parlent pas français. Tu commandes les boissons pour tout le monde.	Tu racontes à un/e ami/e français/e ce que tu as fait pendant tes dernières vacances.
Quel est le dernier film que tu as vu ? Est-ce qu'il t'a plu ? Raconte.	Tu voudrais passer un an en France mais tes parents ne sont pas d'accord. Essaie de les convaincre.	Tu as gagné beaucoup d'argent au lotto. Qu'est-ce que tu fais avec cet argent ?

2 Quiz

A Culture générale

Sciences

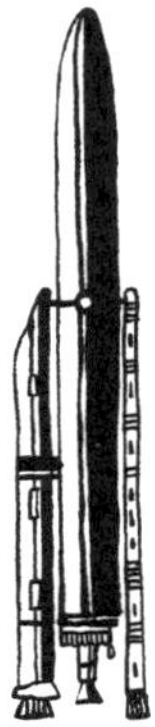

1. Qui a inventé le vaccin contre la rage ?
   a) Pasteur b) Nobel c) Curie
2. Quel est le nom de la fusée européenne à laquelle participe la France ?
   a) Marianne b) Ariane c) Suzanne
3. Une des femmes nommées ci-dessous a reçu le Prix Nobel de sciences, laquelle ?
   a) Simone Weil b) Marie Curie c) Claudie-Andrée Deshayes
4. Que construisent les chantiers de l'Atlantique situés à Saint-Nazaire ?
   a) des automobiles b) des bateaux c) des avions
5. Dans quel département d'outre-mer se trouve le site de lancement des fusées spatiales françaises/européennes ?
   a) la Guadeloupe b) la Réunion c) la Guyane
6. Qui a été à l'origine du cinéma ?
   a) Gérard Depardieu b) les frères Lumière c) Gustave Eiffel
7. A quoi André Ampère a-t-il donné son nom ?
   a) une mesure électrique b) une mesure chimique c) une voiture
8. Qu'étudiaient Pierre et Marie Curie ?
   a) la radioactivité b) l'astronomie c) l'électricité
9. Qui a été à l'origine de la construction de l'armature de la Statue de la Liberté à New York ?
   a) Jacques Chirac b) Gustave Eiffel c) les frères Lumière
10. Le SIDA c'est :
    a) une ville d'Algérie b) une marque de limonade c) le mot français pour AIDS

Solutions : 1a, 2b, 3b, 4b, 5c, 6b, 7a, 8a, 9b, 10c

Gastronomie

1. Quelle est la spécialité de Marseille ?
   a) la bouillabaisse b) la fondue
   c) les crêpes

2. Que mange-t-on le jour de l'Epiphanie (le 1er dimanche de janvier) ?
   a) des crêpes b) la galette des rois
   c) une glace

3. La choucroute est un plat typique de la région :
   a) Alsace b) Bretagne c) Corse

4. Quel fromage est originaire de Normandie ?
   a) le cantal b) le roquefort c) le camembert

5. Quelle boisson alcoolisée fabrique-t-on avec des pommes ?
   a) le cidre b) la limonade c) le Cointreau

6. Comment s'appelle le gâteau traditionnel que les Français mangent à Noël ?
   a) la forêt noire b) la bûche c) le millefeuille

7. Lequel de ces plats n'est pas un dessert ?
   a) l'île flottante b) l'omelette norvégienne c) le gratin dauphinois

8. Qu'est-ce qu'un « bouchon lyonnais » ?
   a) un vin b) un restaurant c) une spécialité de Lyon

9. Qu'est-ce que : Saint Amour, Chiroubles et Morgon ?
   a) des vins b) des pains c) des desserts

10. Lequel de ces plats est une soupe ?
    a) les quenelles b) la potée auvergnate c) la fondue savoyarde

Solutions : 1a, 2b, 3a, 4c, 5a, 6b, 7c, 8b, 9a, 10b

Géographie

1. Quel est le fleuve qui traverse Paris ?
   a) la Saône b) le Rhin c) la Seine

2. Lequel de ces pays n'a pas de frontières avec la France ?
   a) l'Italie b) l'Espagne c) l'Autriche

3. Dans quelle ville se trouve « la promenade des Anglais » ?
   a) Cannes b) Nice c) Montpellier

4. Après Paris quelle est la ville la plus peuplée ?
   a) Marseille b) Lyon c) Nantes

5. Quel est le nom de la région située au sud de la France en bord de mer ?
   a) la Côte d'Emeraude
   b) la Côte d'Amour
   c) la Côte d'Azur

6. A Paris, quel monument se trouve sur une île ?
   a) la Tour Eiffel b) le Sacré Cœur c) Notre-Dame

7. Dans quelle région se trouve le Mont Saint-Michel ?
   a) en Bretagne b) en Normandie c) en Alsace

8. Quel est le plus long fleuve de France ?
   a) la Seine b) la Loire c) le Rhône

9. Dans quelle ville se trouve le Parlement Européen ?
   a) Paris b) Lille c) Strasbourg

10. A quelle chaîne de montagnes appartient le Mont Blanc ?
    a) le Jura b) les Pyrénées c) les Alpes

Solutions : 1c, 2c, 3b, 4a, 5c, 6c, 7b, 8b, 9c, 10c

Sport

1. Combien de temps dure une mi-temps au football :
   a) Quarante minutes
   b) Quarante-cinq minutes
   c) Vingt-cinq minutes

2. Quel est l'objet que les footballeurs utilisent pendant un match ?
   a) un balai
   b) une balle
   c) un ballon

3. Les joueurs de tennis utilisent une balle de tennis et ...
   a) une raquette b) une roquette c) une bavette

4. Pour gagner au basket, il faut faire :
   a) des filets b) des paniers c) des paquets

5. Dans le symbole des jeux olympiques, il y a ....
   a) cinq anneaux b) six anneaux c) sept anneaux

6. Les jeux olympiques ont lieu ....
   a) tous les dix ans b) tous les cinq ans c) tous les quatre ans

7. La médaille offerte au gagnant est ....
   a) une médaille d'or
   b) une médaille d'argent
   c) une médaille de bronze

8. Les 24 heures du Mans sont une compétition ...
   a) cycliste b) automobile c) de natation

Solutions : 1b, 2c, 3a, 4b, 5a, 6c, 7a, 8b

Culture générale

1. Quel est le nom de l'hymne national ?
   a) la Javanaise b) la Marseillaise c) la Niçoise

2. Quel animal représente la France ?
   a) le paon b) le lion c) le coq

3. Quelle femme représente la République française ?
   a) Marianne
   b) la Vierge Marie
   c) Catherine Deneuve

4. Quel événement célèbre-t-on le 14 juillet ?
   a) Mardi gras b) la Toussaint c) la fête nationale

5. Qu'est-ce que le TGV ?
   a) un train b) un métro c) un avion

6. Combien de régions y a-t-il en France ?
   a) 15 b) 26 c) 34

7. Monet était un peintre :
   a) cubiste b) surréaliste c) impressionniste

8. Qui a écrit « Les Misérables » ?
   a) Emile Zola b) Victor Hugo c) Honoré de Balzac

9. Comment s'appelle la résidence du Premier Ministre français ?
   a) l'Elysée b) Bercy c) Matignon

10. Quel château a été construit pour Louis XIV ?
    a) Versailles b) Chambord c) Chenonceau

Solutions : 1b, 2c, 3a, 4c, 5a, 6b, 7c, 8b, 9c, 10a

B Grammaire

Verbes au présent

A quelle personne correspondent les formes suivantes :

1. prennent (prendre)
   a) il, elle b) nous c) ils, elles

2. voulez (vouloir)
   a) nous b) vous c) il

3. font (faire)
   a) ils b) vous c) nous

4. devons (devoir)
   a) vous b) nous c) je

5. faut (falloir)
   a) il b) nous c) vous

6. va (aller)
   a) tu b) il c) je

7. commences (commencer)
   a) nous b) je c) tu

8. choisissent (choisir)
   a) nous b) ils, elles c) tu

9. demande (demander)
   a) je b) tu c) il, elle

10. savent (savoir)
    a) nous b) il, elle c) ils, elles

Solutions : 1c, 2b, 3a, 4b, 5a, 6b, 7c, 8b, 9a et c, 10c

Pronoms possessifs

Choisissez le pronom correct :

1. La sœur d'Emilie, c'est … sœur.
   a) ma b) sa c) votre

2. Le problème d'Hector, c'est … problème.
   a) ton b) mon c) son

3. Tiens, Philippe, c'est … livre.
   a) mon b) ton c) notre

4. Les parents de Pierre, ce sont … parents.
   a) mes b) nos c) ses

5. La voiture de Thomas, c'est … voiture.
   a) sa b) votre c) ma

6. Monsieur, c'est … billet !
   a) mon b) votre c) notre

7. Les enfants des Dupont, ce sont … enfants.
   a) nos b) vos c) leurs

8. Tu ne comprends pas … question ?
   a) sa b) ma c) ta

9. … chien n'est pas méchant, j'espère ?
   a) Notre b) Leur c) Votre

10. Je ne connais pas … voisins.
    a) mes b) ses c) ton

Solutions : 1b, 2c, 3b, 4c, 5a, 6a/b/c, 7c, 8a/b, 9b/c, 10 a/b

Accord des participes passés

1. Il est	a) parti b) partie c) parties	6. Vous êtes	a) allées b) allés c) allé
2. Nous avons	a) commencés b) commencé c) commencer	7. Tu as	a) préférer b) préférée c) préféré
3. Elle a	a) compris b) comprise c) comprend	8. Vous avez	a) choisis b) choisi c) choisies
4. Elles sont	a) venu b) venues c) venus	9. Je suis	a) sorti b) sortie c) sortis
5. Il est	a) arrivé b) arrivée c) arrivés	10. Nous sommes	a) né b) nées c) nés

Solutions : 1a, 2b, 3a, 4b, 5a, 6a/b, 7c, 8b, 9a/b, 10 b/c

Imparfait (I) ou conditionnel (C)

1. Elles venaient : I/C	6. Je demandais : I/C
2. Tu aimerais : I/C	7. Ils habitaient : I/C
3. Elle devrait : I/C	8. Vous préféreriez : I/C
4. Nous partions : I/C	9. Elle voulait : I/C
5. Vous pourriez : I/C	10. Nous avions : I/C

Solutions : 1I, 2C, 3C, 4I, 5C, 6I, 7I, 8C, 9I, 10I

Être ou avoir

1. Elle .... pris.	a) est b) a c) ont
2. Ils .... compris.	a) ont b) est c) avons
3. Elles .... revenues.	a) sommes b) sont c) a
4. Nous .... préféré.	a) avons b) avez c) as
5. Tu .... arrivé.	a) es b) as c) vas
6. Je .... tombé.	a) es b) as c) suis
7. Il .... couru.	a) ont b) a c) as
8. Nous .... descendus.	a) avons b) avez c) sommes
9. Vous .... allés.	a) avez b) êtes c) allez
10. Vous .... mangé.	a) avez b) avons c) a

Solutions : 1b, 2a, 3b, 4a, 5a, 6c, 7b, 8c, 9b, 10a

Formes du futur

1. … prendras :		
a) je	b) tu	c) il/elle
2. … demanderont :		
a) nous	b) vous	c) ils/elles
3. … commencerai :		
a) il/elle	b) tu	c) je
4. … partira :		
a) on	b) tu	c) ils/elles
5. … viendrez :		
a) vous	b) nous	c) tu
6. … serons :		
a) vous	b) ils/elles	c) nous
7. … diras :		
a) il/elle	b) tu	c) nous
8. … apporterez :		
a) vous	b) nous	c) j'
9. … trouveront :		
a) nous	b) ils/elles	c) vous
10. … ira :		
a) tu	b) on	c) il/elle

Solutions : 1b, 2c, 3c, 4a, 5a, 6c, 7b, 8a, 9b, 10b/c

3 Jeux de vocabulaire

A Faites des couples

Reliez chaque substantif au verbe correspondant

comprendre
la vue
la boisson
résoudre
le départ
la connaissance
partir
le changement
l' attente
voir
la comparaison
créer
changer
connaître
la volonté
la solution
l' achat
la compréhension
boire
comparer
attendre
acheter
vouloir
la création

Solutions : la boisson/boire, le départ/partir, la vue/voir, l'achat/acheter, la comparaison/comparer, le changement/changer, la compréhension/comprendre, la connaissance/connaître, la volonté/vouloir, la solution/résoudre, la création/créer, l'attente/attendre

Reliez chaque adjectif à son contraire

bon marché
beau
facile
foncé
ouvert
froid
gentil
grand
rapide
désagréable
pauvre
lent
clair
silencieux
méchant
chaud
riche
cher
difficile
moche
bruyant
petit
agréable
fermé

Solutions : bon marché/cher, ouvert/fermé, foncé/clair, beau/moche, pauvre/riche, lent/rapide, grand/petit, difficile/facile, bruyant/silencieux, chaud/froid, agréable/désagréable, méchant/gentil

Reliez chaque mot à son contraire

nulle part
dedans
à gauche
devant
tard
en bas
souvent
sous
à droite
partout
après
dessous
sur
derrière
rarement
dehors
avant
dessus
sans
à l' intérieur
jamais
à l' extérieur
avec
tôt
toujours
en haut

Solutions : à l'intérieur/à l'extérieur, avant/après, sous/sur, rarement/souvent, en bas/en haut, avec/sans, dehors/dedans, nulle part/partout, dessous/dessus, jamais/toujours, tôt/tard, derrière/devant

Faites correspondre les chiffres aux lettres

soixante-neuf

cinquante-sept

21

14

33

dix-sept

quarante

57

72

quatre-vingt-treize

trente-trois

93

65

soixante-douze

quatre-vingt-un

81

69

17

quatorze

vingt et un

soixante-cinq

40

Solutions : 33 = trente-trois, 21 = vingt et un, 81 = quatre-vingt-un, 93 = quatre-vingt-treize, 17 = dix-sept, 14 = quatorze, 72 = soixante-douze, 65 = soixante-cinq, 40 = quarante, 69 = soixante-neuf, 57 = cinquante-sept

Retrouver le résultat des additions

soixante-dix-neuf

20 + 16

cent dix

douze

quinze

50 + 29

41 + 6

10 + 7

quarante-sept

trente-six

30 + 38

90 + 10

soixante-huit

9 + 6

dix-sept

40 + 43

vingt-six

19 + 7

cinquante et un

22 + 3

7 + 5

quatre-vingt-trois

vingt-cinq

30 + 21

Solutions : 20+16 = trente-six, 41+6 = quarante-sept, 22+3 = vingt-cinq, 30+38 = soixante-huit, 7+5 = douze, 40+43 = quatre-vingt-trois, 19+7 = vingt-six, 10+7 = dix-sept, 30+21 = cinquante et un, 9+6 = quinze, 50+29 = soixante-dix-neuf, 90+10 = cent dix

B Chassez l'intrus

La gastronomie

1. Qu'est-ce qui n'est pas une entrée ?
   Une salade – une tarte aux fraises – une assiette de charcuterie – du saumon fumé

2. Qu'est-ce qui n'est pas un fruit ?
   Une orange – une banane – une pomme de terre – une poire

3. Qu'est-ce qui n'est pas un légume ?
   Un brocoli – un concombre – un pamplemousse – une tomate

4. Qu'est-ce qui n'est pas une viande ?
   Le bœuf – le porc – le mouton – la truite

5. Qu'est-ce qui n'est pas un poisson ?
   Le saumon – la sole – la courgette – le thon

6. Qu'est-ce qui n'est pas un dessert ?
   La crème caramel – la mousse au chocolat – la tarte Tatin – la quiche lorraine

7. Qu'est-ce qui n'est pas du pain ?
   La baguette – la flûte – le potage – la couronne

8. Qu'est-ce qui n'est pas une boisson ?
   Le jus d'orange – le yaourt – le thé – la tisane

9. Qu'est-ce qui n'est pas un produit laitier ?
   Le pâté – le fromage blanc – le yaourt – la crème

Solutions : 1. une tarte aux fraises, 2. une pomme de terre, 3. un pamplemousse, 4. la truite, 5. la courgette, 6. la quiche lorraine, 7. le potage, 8. le yaourt, 9. le pâté

Vocabulaire varié

1. blanc – long – rouge – vert – orange
2. un pull – un pantalon – une chemise – une cheminée – un manteau
3. une voiture – un taxi – un bus – une moto – un chien
4. la neige – la pluie – le vent – l'avion – le soleil
5. un cheval – une noisette – un chat – un écureuil – un canari

Solutions : 1. long, 2. une cheminée, 3. un chien, 4. l'avion, 5. une noisette

Les pièces de la maison

1. Qu'est-ce qu'on ne trouve pas dans le salon :
   Un tapis – une télévision – un lit – un fauteuil – un canapé
2. Qu'est-ce qu'on ne trouve pas à la cuisine :
   Une table de nuit – un évier – des casseroles – un four – un frigidaire
3. Qu'est-ce qu'on ne trouve pas dans la chambre à coucher ?
   Une armoire – une couette – une machine à laver – un miroir – un réveil
4. Qu'est-ce qu'on ne trouve pas dans la salle de bain ?
   Une baignoire – une douche – une brosse à dents – du savon – un ordinateur
5. Qu'est-ce qu'on ne trouve pas sur la terrasse ?
   Une table – une chaise – une plante – un lavabo – un parasol

Solutions : 1. un lit, 2. une table de nuit, 3. une machine à laver, 4. un ordinateur, 5. un lavabo

C Trouvez le point commun

Le point commun

1.	sang feu cerise tomate fraise	2.	bonheur amour santé joie amitié	3.	langue liberté laideur liqueur livre
4.	eau encre vin essence lait	5.	ciel jeans mer saphir lavande	6.	vin eau minérale café pastis lait
7.	dieu musique goût diable douleur	8.	musée mur massage musique mer	9.	mariage 14 juillet communion carnaval jour de l'an

Solutions : 1. C'est la couleur rouge, 2. Ce sont des mots à contenu positif, 3. Tous les mots commencent par « l », 4. Ce sont des liquides, 5. C'est la couleur bleu, 6. Ce sont des boissons, 7. Tous les mots sont abstraits, 8. Tous les mots commencent par « m », 9. Ce sont des fêtes.

4 Jeux pour apprendre à argumenter

1 Le voyage en montgolfière

Objectif : s'entraîner à l'argumentation

Durée : environ 45 minutes

Matériel : cartes sur lesquelles un métier est inscrit

Niveau : Sek. 2

La classe fait un voyage en montgolfière. On divise la classe en groupes de 4 ou 5 personnes. Chaque groupe représente un des personnages participant au voyage. Chaque personnage exerce une profession particulière (par ex. boulanger, policier, médecin, artiste, peintre, acteur, prêtre, etc ...)
La montgolfière menace de s'écraser. Il faut délester. La seule possibilité est que quelqu'un saute. Chaque groupe cherche des arguments pour convaincre les autres de l'utilité de sa survie pour la communauté et donc rester dans la montgolfière.
Les groupes votent à la fin pour désigner le ou les plus convaincants.

Expressions utiles à écrire au tableau :
Je sais faire ...
Je suis capable de ...
Vous avez besoin de moi pour ...
Mon métier est indispensable pour ...

2 Problèmes à la douane

Objectif : argumenter, défendre son opinion

Durée : environ 30 minutes

Matériel : une carte tenant lieu de billet d'avion, cartes surprises

Niveau : Sek. 2

Il y a deux acteurs principaux : un passager et un douanier. Le passager est accompagné de deux collègues. Un employé de douane se mêle à la conversation. On peut donc faire des groupes de cinq élèves. Au sein de chaque groupe, les élèves choisissent le rôle qu'ils veulent tenir.
La scène se passe dans un aéroport. Il s'agit d'une discussion entre un passager et un douanier. Pour son anniversaire, le passager a reçu un billet

d'avion de la part de ses collègues de travail. Mais le billet est libellé à son surnom, qui est Pierrot, alors que le prénom inscrit sur ses papiers d'identité est Pierre (on peut choisir le surnom Cathy, qui correspond au prénom Catherine pour une fille). Le douanier ne veut pas laisser passer Pierrot car il prétend que ce n'est pas son billet. Pierrot explique la situation mais le douanier est particulièrement tatillon et n'a pas l'intention de discuter le règlement. Le collègue du douanier est un peu moins sévère et essaie de négocier.
Les deux collègues de Pierrot se mêlent à la conversation : ils ont eux-mêmes acheté et réservé le billet au nom de Pierrot. Ils essaient d'expliquer que tout le monde, au bureau, appelle leur collègue Pierrot même si l'on sait que son véritable prénom est Pierre. Le douanier menace d'appeler la police. Le ton monte. Les protagonistes sont d'abord polis puis s'énervent de plus en plus.

Expressions utiles à donner aux élèves avant le jeu :
Pierrot : « Je vous assure que c'est mon billet. » « Croyez-moi. C'est mon surnom. » « Tout le monde m'appelle comme ça au bureau. » « Ecoutez donc ce que mes collègues vous disent. » « Vous pouvez téléphoner au bureau pour vérifier. » …
Le douanier : « Je lis ce qui est écrit. » « Prouvez-moi que c'est vraiment votre billet. » « Vous n'êtes pas en règle. » « Le règlement, c'est le règlement. » « Je n'ai pas que ça à faire. » « Vous n'êtes pas le seul passager ici. » …

Introduction de « cartes surprises » :
A plusieurs reprises, les haut-parleurs appellent les passagers à embarquer ; Les passagers sont priés de se rendre à la porte 103, etc. …
La lecture de ces cartes peut être faite par des élèves qui parlent peu. Ainsi tout le monde participe.

3 L'enquête de police

Objectif : utiliser le passé, essayer de convaincre

Durée : une heure de cours au minimum

Matériel : cartes à distribuer.

Niveau : Sek. 2

Chantal Collier a été trouvée morte dans son appartement, le lendemain matin d'un défilé de mode. La police a trouvé un billet du défilé qui appartient à l'une des 12 personnes suivantes :

1. Chantal Collier, 23 ans, mannequin, star du défilé de la collection de Gérard Menvussa (à Paris).
2. Jessica Rote, 23 ans, collègue de Chantal.
3. Alonso Bistro, 54 ans, chef de l'agence de mannequin.
4. Harry Covert, 24 ans, ami de Jessica Rote, prof de lycée.
5. Guy Don D'vélo, 47 ans, électricien de l'agence, voisin de Chantal Collier.
6. Sebastienne Toutseul, 37 ans, habilleuse.
7. Aude Toilette, 28 ans, maquilleuse.
8. Agathe Deblouze, 42 ans, styliste, organise le défilé de mode, amie de Gérard Menvussa.
9. Gérard Menvussa, 51 ans, couturier, créateur de mode.
10. Jessica Membert, 22 ans, l'ex de Harry Covert.
11. Jean Némard, 32 ans, photographe, journaliste.
12. Georgette Tousskeujbouf, 24 ans, aussi mannequin chez Alonso Bistro.
13. Alain Terrieur, 24 ans, mannequin chez Alonso Bistro.

La moitié de la classe joue le rôle des policiers et l'autre moitié le rôle des témoins. C'est-à-dire que chaque élève de l'un des groupes interroge un élève de l'autre groupe sur son alibi.

L'enquête de police

(Découpez les informations suivantes et distribuez-les aux élèves.)	Jessica Rote est rentrée à la maison, s'est endormie tout de suite.	Alonso Bistro a été prendre un verre dans un bar.
Harry Covert est revenu d'un voyage scolaire.	Guy Don D'vélo a fait une partie de bowling avec des amis.	Sébastienne Toutseul était malade et est restée au lit toute la soirée.
Aude Toilette a téléphoné à Gérard.	Agathe Deblouze avait rendez-vous avec Gérard Menvussa.	Gérard Menvussa a parlé au journaliste (Jean Némard) et avait ensuite rendez-vous avec Agathe Deblouze.
Jessica Membert est allée au cinéma avec un ami.	Jean Némard a développé ses photos à la maison.	Georgette Tousskeujbouf était au restaurant avec Alain Terrieur. Elle est très jalouse de Chantal.

Questions de la police :
Quel est votre nom ?
Quel âge avez vous ?
Quelle est votre profession ?
Qu'avez vous fait hier soir vers 22 heures ?
Avez-vous des témoins ?

Les élèves doivent être convaincants lorsqu'ils racontent ce qu'ils ont fait à la police.

Fin du jeu : Chantal Collier était très stressée par son travail et par tous les régimes qu'elle a dû faire. C'est pourquoi elle s'est, en fait, suicidée avec des médicaments. A ce moment-là, la déception est grande dans la classe mais ce jeu a fait parler tout le monde et finalement personne n'est coupable.

4 Le déjeuner du matin

Objectif : utilisation du verbe « mettre » sous ses différentes significations et révision du passé composé

Durée : environ 45 minutes

Matériel : 15 fiches à distribuer

Niveau : Sek. 1

Les fiches ci-dessous sont distribuées aux élèves. On peut faire plusieurs groupes. Dans chaque groupe, les élèves doivent ordonner les actions pour en faire une histoire logique. Ils se lèvent ensuite et se placent les uns à côté des autres dans l'ordre correspondant à leur histoire. Chaque élève mime ensuite l'action de sa fiche.

Après cela, le professeur distribue le poème de Jacques Prévert aux élèves. Ce poème, tiré du recueil « Paroles » de 1946, a inspiré beaucoup de pédagogues. En tapant le titre du poème, vous trouverez sur Internet de nombreux sites très bien faits avec, bien sûr, le texte, des jeux interactifs et même des dessins animés.

Le déjeuner du matin

(Fiches à distribuer :)	mettre son chapeau sur la tête	mettre son manteau de pluie
se lever	boire le café au lait	prendre sa tête dans ses mains
mettre le café dans la tasse	faire des ronds avec la fumée	allumer une cigarette
mettre le sucre dans le café au lait	partir	mettre les cendres dans le cendrier
mettre le lait dans la tasse de café	boire le café au lait	reposer la tasse

5 Le jeu du vide poche

Objectif : faire des hypothèses

Durée : environ 30 minutes

Matériel : différents petits objets tenant dans une poche

Niveau : Sek. 1

On recherche un personnage important qui a disparu. La police retrouve sa veste. Ses poches contiennent différents objets. A partir de ses objets, les élèves doivent faire des hypothèses sur la vie du disparu et sur les conditions de sa disparition.

Déroulement du jeu :
Le professeur apporte des objets pouvant tenir dans une poche et les dépose sur son bureau. Les élèves peuvent se lever pour venir les observer et doivent retrouver, dans la mesure du possible, le vocabulaire. On écrit les mots au tableau.
Exemples d'objets : une boîte d'allumettes, des pièces de monnaie, une clé, une brosse à dents, un dé, un peigne, un coquillage, une photo d'identité, un ticket de métro, une plume, un cadenas, un clou, un pin's, un timbre, une bague de femme, etc. ...

On donne aux élèves (ou on révise avec eux) des expressions avec lesquelles ils peuvent faire des hypothèses :
Peut-être que, il est possible que, je pense que, il se peut que, etc....

Les élèves peuvent travailler à deux. A la fin, un élève présente l'histoire. En général, l'imagination est débordante et on obtient des histoires souvent très drôles et très cocasses.

6 Le courrier du cœur

Objectif : donner des conseils par écrit, utiliser le conditionnel

Durée : environ 30 minutes

Matériel : lettres ci-dessous à photocopier

Niveau : Sek. 2

Ces quatre lettres sont distribuées aux élèves. Ils travaillent par groupes de trois, rassemblent leurs idées et rédigent des lettres de réponse :

Le courrier du cœur

Première lettre :
« J'aime Stéphane depuis environ un an. Il le sait parce que je le lui ai dit mais il ne veut pas qu'on sorte ensemble. Il veut seulement qu'on soit amis. Je sais qu'il m'aime bien, il me dit qu'il me trouve amusante et très sympa. Lorsqu'il me voit parler avec un autre garçon, il ne fait que le critiquer et me dit que ce n'est pas quelqu'un pour moi mais il ne fait rien pour montrer qu'il s'intéresse vraiment à moi. Que dois-je faire ? »

Amélie, 17 ans

Deuxième lettre :
« Je suis accro à un garçon qui est très beau. J'adore être près de lui, je profite de chaque instant en sa compagnie. J'aime la façon dont il parle, son humour et surtout ses beaux yeux bleus. Lui ne me le rend pas vraiment. Il me critique, enfin surtout mon physique parce que je ne suis pas très mince et puis j'ai beaucoup de boutons en ce moment. J'ai commencé un traitement et ça s'améliore. Je suis souvent très triste et je pleure mais je ne peux pas faire autrement que de chercher à être avec lui. »

Myriam, 16 ans

Troisième lettre :
« J'ai l'impression de ne pas compter pour elle. On se voit souvent. Elle aime faire du jogging avec moi. On va souvent se promener au bord du canal et on parle pendant des heures. Mais je sais qu'elle voit d'autres garçons. Elle travaille au journal de notre école et passe beaucoup de temps avec Olivier à préparer des articles. On les trouve souvent ensemble, ils rient beaucoup et restent des heures à discuter au café. Et puis je sais qu'elle revoit souvent un ami d'enfance qui a été son premier amour. Moi, je ne rencontre plus aucune autre fille, les autres ne m'intéressent pas et je souffre de n'être qu'un garçon parmi tant d'autres pour elle. »

Félix, 16 ans

Quatrième lettre :
« Il y a des mois que je suis amoureux de Sophie. J'ai déjà eu une copine il y a quelques temps. J'avais attendu des semaines pour lui adresser la parole. Nous sommes sortis ensemble une fois et après elle m'a complètement ignoré. Je ne sais pas pourquoi. Maintenant j'ai peur de demander à Sophie de sortir avec moi. Il va peut-être se passer la même chose et je ne veux pas souffrir encore une fois comme ça. »

Benjamin, 15 ans

2 Régions et recettes

Dans ce chapitre, nous vous parlons de quelques régions françaises : comme nous ne pouvions pas les citer toutes, nous avons fait le choix de citer celles qu'on connaît moins bien (le Nord, la Dordogne), et celles qui sont incontournables (la Bretagne, la Provence), nous avons sciemment laissé Paris et

L'Ile de France de côté car ils sont présents dans tous les manuels. Pour chaque région, vous trouverez des recettes typiques, des quiz et des propositions de sujets d'exposé. A la fin du chapitre, nous vous proposons une approche globale des régions françaises par l'intermédiaire des parcs naturels ou des festivals de musique.

Avant de présenter les régions et leurs spécialités, il n'est sûrement pas inutile de rappeler le découpage de la France en départements et régions.

1 Des vieilles provinces au découpage actuel

Lorsque l'Assemblée constituante, issue de la Révolution française, découpe en 1790 le pays en 83 départements, elle poursuit certains objectifs. Il s'agit d'harmoniser les différentes parties du territoire français, de créer un dispositif efficace pour l'administrer, avec une organisation permettant de centraliser les décisions au niveau de l'Etat et ensuite de les répercuter dans tout le pays. Dans chaque département, un commissaire de la République (appelé maintenant préfet) représente l'Etat et son autorité. Pas question de créer des régions, qui feraient trop penser aux anciennes « provinces », toujours suspectées de nourrir des désirs d'indépendance vis-à-vis de la capitale. D'ailleurs, faisant table rase des traditions culturelles, l'Histoire est gommée au profit de la géographie : les départements reçoivent des noms de montagnes, de rivières.

Le département a fait ses preuves : depuis deux siècles, aucun régime n'a songé à le supprimer.

Mais à partir des années 1950, l'Etat intervient de plus en plus dans l'économie et l'aménagement du territoire, par exemple au niveau des équipements (routes, voies ferrées, ponts), du rééquilibrage entre les villes et les campagnes, et en particulier entre la région parisienne et le reste du pays. Il lui faut pouvoir agir sur des zones du territoire plus grandes que les départements. Ceux-ci se retrouvent englobés dans une nouvelle entité la Région. 22 Régions sont créées en 1952. On en compte aujourd'hui 26.

Reste à donner aux Régions des pouvoirs de décision et des ressources : ce sera l'œuvre de la décentralisation.

La décentralisation

Jusqu'au début des années 1980, la France est administrée de façon très centralisée. Le gouvernement détermine les grandes options politiques, le Parlement vote les lois, puis le gouvernement les fait appliquer par les différents services ministériels. Sur le terrain, les préfets assurent le relais.
En 1982 et 1983, les lois de décentralisation et de régionalisation permettent à chaque échelon local de décider pour les affaires qui le concernent. En outre, les moyens financiers nécessaires sont donnés. Ainsi, le conseil municipal est compétent pour les affaires concernant la commune, le conseil général pour celles du département, le conseil régional pour celles de la Région.
Ce système rapproche le citoyen des centres de décision mais est plus complexe que le précédent. Il est parfois difficile pour le citoyen, face à ces différentes compétences, qui se superposent souvent, de savoir qui est responsable de quoi.

A quoi sert le département ?

Gérer et attribuer l'aide sociale est la plus lourde des responsabilités qu'assume le département. Elle représente un tiers de ses dépenses.
Stimuler l'aménagement rural est le second volet de compétence. Il favorise le développement rural et encourage le « tourisme vert ». Transports scolaires, bibliobus, sentiers pédestres, piscines, gymnases font partie de ses compétences.
Construire et entretenir les collèges est désormais du ressort du département.
Il en va de même pour l'entretien des routes départementales. Les services de secours dépendent aussi de lui.

A quoi sert la Région ?

La Région est la zone clé de la planification et de l'aménagement du territoire. Il s'agit d'étudier au préalable aussi bien les aspects économiques que culturels, démographiques, urbains, etc.
Soutenir le développement économique est le second grand domaine de compétence régionale : les conseils aident à la création de zones d'activités économiques, épaulent les entreprises en difficulté.

La formation professionnelle dépend de la Région : à elle de déterminer les métiers d'avenir et ceux qui n'en ont pas et de mettre en place les formations en conséquence.
La construction et l'entretien des lycées et des établissements techniques pèsent lourd dans les dépenses du budget régional.

2 L'Alsace

La région Alsace regroupe les départements Bas-Rhin et Haut-Rhin.

A La région en questions

1 Un carrefour de l'Europe ?

L'Alsace est la plus petite région française mais c'est un véritable carrefour de l'Europe.
Strasbourg, ville d'environ 250 000 habitants, abrite d'une part des maisons à colombage, typiques de la région et d'autre part le Parlement européen. Elle est aussi le siège du Conseil de l'Europe et de la Cour européenne des droits de l'homme. Mulhouse, autre ville importante de l'Alsace, a, par sa position, le statut de point de contact entre la France, l'Allemagne et la Suisse.
Du point de vue historique, sa position géographique a valu à l'Alsace un passé tourmenté. Elle a toujours été conquise par les armes et dominée par le pouvoir alors en vigueur.

2 Qui étaient les « Malgré-nous » ?

Lors de la guerre de 1870, l'Alsace a été occupée par l'Allemagne et est devenue un Land allemand à partir de 1911. Après la Première Guerre mondiale, elle est redevenue française. En 1940, elle a subi une « germanisation de force ». A cette époque, il était interdit de parler français. En 1941, 140 000 jeunes Alsaciens ont été enrôlés de force par la Wehrmacht. Ils furent appelés les « Malgré-nous ». On a pu assister dans les familles alsaciennes à de nombreuses tragédies : selon les générations, les hommes d'une même famille avaient fait partie soit de l'Armée allemande, soit de l'Armée française.

Le Mémorial de l'Alsace-Moselle retrace très bien le passé de la région. Un espace entier est aussi consacré à la réconciliation franco-allemande et à la construction de l'Europe. Vous pouvez en faire une visite virtuelle sur le site suivant : http://www.memorial-alsace-moselle.com/f/index2.html

3 L'Alsace est-elle empreinte des deux cultures ?

La région est véritablement empreinte de la culture allemande et de la culture française.

Dans cette région française, l'architecture et les noms des villes et villages rappellent tout à fait l'Allemagne. Les Alsaciens entretiennent avec un grand plaisir leur double culture tout en cultivant traditionnellement leur différence, aussi bien vis-à-vis de la France – pour les Alsaciens, le reste de la France est peuplé de « Français de l'intérieur » – et de l'Allemagne, qu'entre le Nord et le Sud de la région elle-même.

4 Que sont les messtis ?

Une des caractéristiques de la région est le goût des Alsaciens pour les fêtes. En Alsace, on aime se retrouver pour déguster des plats régionaux, comme la choucroute ou le baeckeoffe et plaisanter en dialecte. Les mois d'été sont marqués par de nombreuses festivités, les messtis. Lors de ces fêtes, on aime faire vivre le folklore et revêtir les costumes traditionnels, comme par exemple la coiffe des Alsaciennes. Les marchés de Noël sont très typiques, notamment le Christkindelmärik de Kayserberg. On citera aussi les winstubs, ces débits de vin strasbourgeois dans lesquels on peut déguster des spécialités culinaires telles que la choucroute, la tarte flambée et le vin d'Alsace.

5 L'Alsace est-elle laïque ?

La loi de séparation de l'Eglise et de l'Etat, votée par le Parlement en 1905, qui imposait la laïcité de l'Etat comme fondement de la République française ne s'applique pas en Alsace. Les ministres du culte (comme les prêtres par exemple), ne sont pas fonctionnaires mais soumis aux règles du service public et rétribués par l'Etat.
Le régime concordataire fait aujourd'hui encore partie intégrante de l'Alsace.

6 Qu'est-ce que l'alsacien ?

Le dialecte alsacien est relativement ancien. Les racines des mots sont germaniques mais il s'agit d'un dialecte parlé n'ayant ni écriture ni principe phonétique commun. Il varie d'un canton à l'autre. Il a beaucoup évolué entre 1870 et 1918. On y retrouve l'empreinte de l'école et de l'administration allemande et à partir du XIXème siècle, celle de la langue française. Il faut noter que sa pratique se perd de nos jours, surtout dans les villes. Il se transmet de moins en moins aux jeunes. Par contre, il est encore répandu dans les milieux ruraux.

Quelques exemples de mots du dialecte alsacien :

Mot	Traduction
terre	Arda
ciel	Himmel
eau	Wasser
feu	Fir
homme	Mann
femme	Freu
manger	essa
boire	trinka
grand	gross
petit	klein
nuit	Nacht
jour	Dâa

7 Saviez-vous qu'ils étaient alsaciens ?

On dit d'Albert Schweitzer (1875–1965) qu'il incarnait le génie alsacien. On parlait de lui comme d'un citoyen du monde. Il était musicologue, organiste, philosophe, théologien et médecin. Mais, il aimait avant tout la paix. Il devint célèbre après avoir installé un village hôpital au Gabon. Il reçut le prix Nobel de la paix en 1953.

Gutenberg inventa l'imprimerie moderne à Strasbourg. Grâce à son invention, la ville devint la capitale du savoir imprimé.

Il faut aussi citer Bartholdi, le père de la statue de la Liberté qui trône dans la baie de New York. Cette statue, dont l'armature est signée Eiffel, a été offerte au peuple américain en 1884.

B Sujets d'exposé

1 Visite du Haut-Koenigsbourg, le plus grand château d'Alsace

Ce château a été construit au XIIème siècle et plusieurs fois détruit. Il fut reconstruit entre 1901 et 1908 par l'Empereur Guillaume II. Par quelques tours de passe-passe, on lui donna l'apparence d'un château médiéval authentique. Sites Internet :
http://www.haut-koenigsbourg.net
http://www.monum.fr, cliquez sur « entrée », puis sur « Haut Koenigsbourg »

2 La cigogne, animal emblématique de l'Alsace

Cet oiseau était en voie de disparition il y a une vingtaine d'années. On ne trouvait plus en Alsace les nids gigantesques qui recouvraient les toits des usines et les nefs des églises. Alors, les Alsaciens ont décidé de réintroduire cet animal, symbole de leur région, dont ils étaient si fiers. De nos jours, le nombre des cigognes a augmenté mais les Alsaciens doivent continuer leurs efforts.

On peut axer les travaux de recherches sur deux domaines :

- la symbolique de la cigogne.
- les mesures de réintroduction de la cigogne en Alsace.

Site du parc des cigognes et des loutres : http://www.cigogne-loutre.com

C Recette

La tarte flambée (Flammkueche)

Ingrédients :

(pour 4 personnes)
500 g de pâte à pain,
40 cl de crème double,
une cuillère à soupe d'huile,
50 g d'oignons hachés,
80 g de lard fumé,
sel,
noix de muscade râpée.

Préparation : Faire revenir les oignons dans le beurre et mélanger à la crème. Assaisonner. Couper le lard en petits dés et le faire rissoler un peu. Abaisser la pâte très mince et la placer sur une plaque de four. Répartir le mélange crème et oignons sur la pâte. Arroser la surface avec de l'huile et parsemer avec les lardons. Cuire à four très chaud pendant dix minutes.

Site général sur l'Alsace : http://www.tourisme-alsace.com

3 L'Aquitaine

A La région en questions

1 Pourquoi fait-il si bon y vivre ?

Le climat très doux et le grand nombre de spécialités gastronomiques, comme le foie gras, les truffes du Périgord ou le vin de Bordeaux par exemple rendent l'Aquitaine et le Midi-Pyrénées très appréciés des touristes.
Ces régions abritent de nombreux vestiges du passé : des châteaux, des églises et des lieux de pèlerinage sur le chemin de Saint-Jacques de Compostelle en Espagne par exemple.
Elles sont aussi connues pour le passage du Tour de France, le rugby, le surf, le béret basque et ... la pelote, sport typique du Pays basque. La pelote se joue devant un fronton de pelote avec une chistera et une pelote (sorte de balle). Les règles de ce jeu sont complexes.
Site internet : http://infobasque.free.fr, cliquez sur « la culture » puis sur « pelote ».

2 Qu'appelle-t-on la ville rose ?

C'est le surnom que l'on donne à la ville de Toulouse. Cette ville d'environ 360 000 habitants, située au bord de la Garonne, est parvenue au rang de quatrième ville de France. Son architecture est un univers de briques roses. Dans cette ville, dont le quart de la population est étudiante, on cultive un art de vivre d'une grande qualité.
Les industries principales sont l'industrie agro-alimentaire, les industries de la recherche et bien entendu l'aéronautique, qui caractérise la ville de Toulouse depuis le début du XXème siècle. On citera la conception de la Caravelle, du Concorde et naturellement de l'Airbus. Le Centre d'études spatiales avec de nombreux chercheurs et des entreprises de pointe est à l'initiative du satellite Spot et de la navette Hermès.

3 Quelle est la capitale française du surf ?

Il s'agit de Biarritz. Les gros rouleaux (vagues) qui agitent l'océan à cet endroit sont connus dans le monde entier. La ville accueille le championnat de France de surf et quelques autres grandes compétitions, mais aussi des écoles de surf et de nombreuses entreprises fabricant du matériel sportif.
Mais Biarritz est aussi une station balnéaire dynamique et moderne. Les centres de thalassothérapie et les plages magnifiques sont de grands pôles d'attraction. Devenue tout d'abord célèbre au XIIème siècle à cause de la chasse à la baleine, Biarritz a acquis surtout une grande notoriété à partir de la fin du XVIIème siècle grâce aux bains de mer. Elle a attiré la grande aristocratie européenne, ne cessant de s'agrandir jusqu'à la fin de la Seconde Guerre mondiale. Après la guerre, elle est devenue accessible à un public plus vaste.

4 Les Iskastolas, qu'est-ce que c'est ?

Il s'agit des écoles basques dans lesquelles l'euskara, la langue basque, est enseignée. L'euskara n'est pas un dialecte. C'est une vraie langue, parlée par une grande partie de la population basque. Elle existe depuis plus de deux mille ans mais ses origines sont mal connues. Cette langue à la grammaire complexe contenant par exemple douze déclinaisons n'est prononçable, dit-on, que par les Basques. Il faut aussi noter que l'Euskara est parlé à la fois par les habitants du Pays basque français et du Pays basque espagnol, tous se considérant appartenir à un même peuple.

5 Quel port appelle-t-on le « port de la lune » ?

C'est ainsi que l'on appelle le port de Bordeaux. Ce port est ouvert sur la Garonne comme un arc de cercle. Depuis l'époque des Romains, la ville de Bordeaux a accueilli d'innombrables navires apportant des esclaves, des épices et des vins d'Amérique et d'Afrique. La ville de Bordeaux était constamment orientée vers l'océan. De nos jours, les navires ont été remplacés par les paquebots de tourisme.
Parfois qualifiée de ville prétentieuse, Bordeaux présente de nombreuses richesses architecturales comme Le Grand Théâtre qui fut source d'inspiration pour la construction de l'Opéra de Paris ou le Triangle dans la vieille ville. La ville de Bordeaux est aussi un centre industriel important : dans le domaine aérospatial, pharmaceutique et alimentaire.

6 Qui étaient les 3 M ?

Il s'agit de Montaigne, Montesquieu et Mauriac. Ces trois grands hommes de lettres sont originaires du Bordelais.
MONTAIGNE (1533–1592), auteur des « Essais » fut maire de Bordeaux. Il eut une grande influence sur de nombreuses générations d'intellectuels.
Le brillant auteur des « Lettres persanes », MONTESQUIEU (1689–1755), cultivait également la vigne dans son château de la Brède. Il était connu pour son esprit ouvert et curieux
FRANÇOIS MAURIAC (1885–1970), quant à lui, fit une critique assez impitoyable de la bourgeoisie bordelaise dans son œuvre « Thérèse Desqueyroux ». Sur la fin de sa vie, cet écrivain fut pleinement admis par les Bordelais.

7 Y a-t-il beaucoup de familles nobles dans cette région de châteaux ?

L'Aquitaine est avant tout connue pour le vin de Bordeaux, exporté dans le monde entier et la vie économique de la région est en grande partie organisée autour du vin. Mais dans le Bordelais, il n'est pas nécessaire d'être noble pour appeler sa demeure « château ». En fait, chaque exploitation viticole en activité peut se nommer ainsi. C'est pourquoi les styles architecturaux des châteaux sont aussi variés que les crus des vins de Bordeaux. Certains châteaux sont de grandioses demeures (Margaux), d'autres à caractère médiéval (Château des Tours), d'autres encore plus classiques (Yquem et Malle), ou bien ce sont de simples grosses fermes (Beauregard).

8 Qui étaient les « jacquets » ?

C'est ainsi que l'on appelait les pèlerins partis de toute l'Europe pour se rendre à Saint-Jacques de Compostelle, qui avec Rome et Jérusalem, fut l'un des plus grands lieux de pèlerinage du monde chrétien. Pour arriver à Compostelle, les « jacquets » empruntaient quatre routes principales au départ d'Arles, du Puy, de Vézelay ou de Tours et se retrouvaient au pied des Pyrénées. Dans la vallée d'Aspe et l'ensemble du Pays basque, on retrouve d'innombrables chapelles, églises, auberges et hostelleries, dans lesquelles les « jacquets » faisaient halte.

B Sujets d'exposé

La vallée de la Dordogne forme à elle seule une des régions les plus touristiques de France.
Dans le département de la Dordogne se situe **le territoire des quatre Périgords** : le Périgord blanc, le Périgord noir, le Périgord vert et le Périgord pourpre. La classe peut être divisée en quatre groupes, qui après avoir recherché sur Internet par exemple, présenteront au reste du groupe « leur » Périgord.

Voici quelques informations sur ces quatre territoires :

- Le **Périgord blanc** se situe au centre de la Dordogne, autour de la ville de Périgueux. Il s'agit d'un paysage de prairies et de larges vallées. Les falaises calcaires de la région de Saint Astier lui confèrent son caractère blanc.
- Au sud-est de la Dordogne se trouve le **Périgord noir**. Les paysages y sont très beaux. On y trouve aussi de nombreux châteaux forts et sites préhistoriques (Lascaux par exemple). On l'appelle le Périgord noir à cause des célèbres truffes de la région.
- Le **Périgord vert** se trouve au nord de la Dordogne. Vert à cause des nombreuses forêts qui le caractérisent.
- Enfin, autour de Bergerac se situe le **Périgord pourpre**, appelé ainsi à cause des célèbres vignobles.

C Recette

La pipérade basquaise au jambon

Ingrédients :

(pour 6 personnes)
1 kg de tomates,
5 œufs,
150 g de jambon de Bayonne,
4 poivrons verts,
1 oignon,
persil, huile, sel et poivre.

Préparation : Coupez l'oignon en lamelles. Faites-le revenir à feu doux dans l'huile sans le laisser roussir. Nettoyez les poivrons et coupez-les en morceaux assez gros. Ajoutez-les dans la poêle.

Couvrez et laissez cuire doucement pendant 20 minutes. Coupez les tomates en quatre et placez-les dans la poêle. Ajoutez le jambon que vous aurez coupé en dés. Assaisonnez le mélange mais ne mettez pas trop de sel car le jambon est déjà salé. Laissez cuire environ 30 minutes jusqu'à ce que le jus soit évaporé. Cassez ensuite les œufs sur la préparation et mélangez vivement. Lorsque les œufs ont pris la consistance d'œufs brouillés, saupoudrez la pipérade de persil haché et servez aussitôt.

Site général sur l'Aquitaine : http://www.crt.cr-aquitaine.fr

4 L'Auvergne

A La région en questions

1 On dit que l'Auvergne fut forgée par le feu. Pourquoi ?

Région de volcans et montagnes millénaires, l'Auvergne est encore empreinte des éléments qui l'ont forgée. Le relief volcanique est toujours très visible. On a l'impression que les volcans sont endormis depuis environ quatre mille ans mais en fait le sol bouge toujours un peu dans cette région et les vulcanologues surveillent la situation de très près.

On peut y distinguer trois domaines :

- La chaîne des Puys, formée d'environ quatre-vingts petits volcans alignés sur une quarantaine de kilomètres. Cet ensemble de cônes et de dômes domine Clermont-Ferrand et culmine à 1465 m avec le puy de Dôme.

- Le massif des Monts Dore-Sancy a connu les éruptions les plus fortes de toute l'Auvergne. Les glaciers ont ensuite sculpté ces massifs qui ont une apparence plus montagneuse que volcanique. Le puy de Sancy d'une altitude de 1886 m est le sommet le plus élevé des Monts Dore-Sancy.
- Le Cantal avec une base de 70 km de diamètre est le volcan le plus grand d'Europe. Il est encore plus vaste que l'Etna. Ayant subi de nombreux effondrements, le Cantal ne culmine actuellement qu'à 1787 m mais on y retrouve encore des traces de son passé volcanique.

2 Pourquoi dit-on que l'Auvergne fur forgée par l'eau ?

L'eau est présente sous de nombreuses formes en Auvergne. On y trouve aussi bien des chutes bondissantes, des torrents, des couzes, dont les sillons ont été tracés par des coulées de laves, que des sources, de grands lacs ou de petits ruisseaux.
On citera comme phénomène particulier les **lacs de cratère**. Ce sont des lacs harmonieux, parfaitement ronds, situés dans les cratères d'où jaillissait autrefois la lave volcanique. Les plus célèbres sont les lacs Pavin, situé près de Besse. Il a une profondeur de 92 mètres et est un paysage silencieux ayant vu naître de nombreuses légendes. Le Gour de Tazenat, profond de 68 mètres, en est un autre exemple ainsi que le Servières ou le lac de la Godivelle.

Les **lacs de barrage volcanique** sont aussi très représentatifs de la région. L'eau y a été retenue par un barrage formé d'une coulée de lave ou d'un volcan. Le Lac du Guéry est considéré comme le plus bel exemple d'un lac de barrage. Il est situé près du Mont-Dore à 1244 m d'altitude. On citera aussi le Chambon, un lac peu profond, qui permet de pratiquer de nombreux sports nautiques, ainsi que le lac d'Aydat.

L'Auvergne est aussi la région des **villes d'eau**.
La présence de sources thermales a façonné le paysage auvergnat car on a vu naître au XIXème siècle une grande quantité de thermes, de grands hôtels et de villas. On y trouve encore les palaces où logeaient les riches curistes d'autrefois mais les lieux du thermalisme accueillent aujourd'hui un public nombreux : des vacanciers, des vététistes ou des randonneurs. Ces villes d'eau possèdent en général un magnifique patrimoine historique et architectural. Certaines ont été créées par les Romains, d'autres au XIXème siècle. Dans chacune d'elles, on retrouve des thermes ou bains, un kiosque à musique, une buvette, un casino et un grand parc.

Les dix villes d'eau d'Auvergne sont : Boubon-l'Archambault, la Bourboule, Châteauneuf-les-Bains, Châtel-Guyon, Chaudes-Aigues, Le Mont-Dore, Néris-les-Bains, Royat-Chamalières, Saint-Nectaire et Vichy.

3 Pourquoi vient-on s'y ressourcer ?

L'Auvergne est la région des grands espaces. De nombreux sports y sont pratiqués : le rafting, la marche, l'équitation ou le VTT. Mais on peut aussi y faire de belles balades : parcourir des milliers de kilomètres entre Parcs Naturels Régionaux, châteaux, villes d'eau (La Bourboule, Vichy ...) Le caractère calme et reposant de l'Auvergne en fait aussi un lieu de prédilection pour de nombreux touristes à la recherche de « vacances saines ».

4 En quoi l'Auvergne est-elle dynamique ?

L'Auvergne a été longtemps comme coupée du monde et s'est dépeuplée petit à petit. En contrepartie, elle est parvenue à attirer de grandes entreprises privées, comme Michelin (pneumatiques), Roussel-Uclaf (pharmacie) et Rhône-Poulenc (chimie-pharmacie). La recherche volcanologique est très avancée dans la région. L'université Blaise-Pascal à Clermont-Ferrand forme des chercheurs intervenant comme spécialistes dans les régions volcaniques du monde entier. Le parc Vulcania est aussi le premier parc européen d'exploration scientifique sur les volcans. C'est un Futuroscope et un centre d'animation scientifique très prisés.
Malgré toutes ces initiatives, on constate cependant que l'Auvergne continue à se dépeupler.

5 Le bibendum, qui est-ce ?

Le bibendum, ce personnage composé de pneus blancs, est l'emblème publicitaire de l'entreprise Michelin. Il est devenu le symbole de la ville de Clermont-Ferrand.
L'entreprise Michelin est depuis la fin du XIXème siècle un des plus grands centres mondiaux de l'industrie du pneu. Les Frères Michelin étaient connus pour leur grand paternalisme. Ils ont fait construire des cités ouvrières modernes, avec des écoles, des stades, des cliniques et des églises destinés à leurs ouvriers. De nos jours, les usines sont réparties dans de nombreux pays mais le siège de Michelin est resté fidèle à Clermont-Ferrand.

6 L'art roman auvergnat, de quoi s'agit-il ?

Le patrimoine roman de l'Auvergne est le plus riche de France. On compte en effet 250 édifices d'art roman, qui ont été construits entre le XIème et le XIIème siècle. Les églises d'art roman auvergnat présentent quelques traits caractéristiques : tout d'abord l'aspect extérieur de ces églises est-celui d'une pyramide avec différents niveaux. On dit que cette tendance symbolise pour le croyant l'élévation vers Dieu.
Ces églises ont d'autre part peu d'ouvertures. Leurs arcs reposent sur de solides piliers formant un demi-cercle. Elles ont une apparence assez austère mais leur intérieur est décoré par des scènes bibliques riches et colorées où l'on retrouve parfois l'humour des sculpteurs.
Cinq églises, appelées les églises majeures à cause de l'homogénéité de leur architecture, sont très représentatives de l'architecture romane auvergnate. On citera la basilique Notre-Dame-du-Port à Clermont-Ferrand, qui est inscrite au patrimoine mondial et dont l'atmosphère intime invite au recueillement. Saint-Nectaire, certes petite, mais aux proportions très harmonieuses, Saint Austremoine d'Issoire ainsi que Notre-Dame d'Orcival et Saint-Saturnin en sont d'autres exemples.

7 Savez-vous qu'ils étaient auvergnats ?

VERCINGÉROTIX (ev. 72 av. J.-C. – 46 av. J.C.) combattit les Romains avec ses Arvernes. Il gagna la bataille de Gergovie (près de Clermont) en 52 av. J.-C. mais perdit contre Jules César à Alésia.
Le philosophe BLAISE PASCAL est originaire de Clermont-Ferrand. Auteur des Provinciales et des Pensées, il était aussi mathématicien et inventa la première calculette.
On citera de même le théologien et philosophe jésuite PIERRE TEILHARD DE CHARDIN (1881–1955) qui étudia le développement humain en s'efforçant de concilier la science et la foi.

B Sujets d'exposé

1 Découvrir l'Auvergne et ses volcans

Une visite virtuelle sur le site du parc d'attractions **Vulcania** permet d'aborder de façon intéressante le thème des volcans.
Site Internet : http://www.vulcania.com, cliquez sur « visite guidée ».

2 Découvrir l'Auvergne par ses villes d'eau

Sujet d'exposé : Le nombre des villes thermales (dix) permet assez bien de répartir les sujets d'exposés entre les élèves. On peut alors leur faire effectuer des recherches sur les différentes villes avec les propriétés de leur source et leurs caractéristiques particulières.
Site Internet : http://www.villesdeaux.com

C Recette

Le cake aux champignons et au Cantal

Ingrédients :

(pour 6 à 8 personnes)
3 œufs,
200 g de farine,
1 sachet de levure,
10 cl d'huile de tournesol,
10 cl de lait,
100 g de gruyère ou d'emmental râpé,
100 g de Cantal,
150 g de champignons de Paris émincés,
sel, poivre.

Préparation : Préchauffez le four à 180 °C.
Dans une poêle, faites revenir les champignons avec un peu d'huile, jusqu'à évaporation complète de l'eau qu'ils rendent. Ajoutez une pincée de sel. Coupez le Cantal en dés et y ajoutez les champignons. Mettez-les de côté. Dans un saladier, mélangez la farine, la levure, les œufs et le poivre. Incorporez ensuite l'huile et le lait chauffé (mais non bouillant). Mettez ensuite le gruyère râpé et mélangez de nouveau. Incorporez ensuite le mélange Cantal/champignons et mélangez bien.
Versez cette pâte dans un moule à cake et enfournez pendant environ 50 minutes. A déguster de préférence chaud.

Site général sur l'Auvergne :
http://www.auvergne-tourisme.info

5 La Bretagne

La Bretagne, célèbre pour son patrimoine culturel très riche, est une des grandes régions touristiques françaises. Cette région regroupe les départements Côtes-d'Armor, Finistère, Ille-et-Vilaine et Morbihan.

A La région en questions

1 Qu'apprend-on dans les écoles Diwan ?

C'est dans ces écoles que l'on enseigne la langue bretonne. Des milliers de jeunes y sont inscrits pour suivre des cours en langue bretonne, de la maternelle jusqu'au baccalauréat. Le breton est une langue d'origine celtique, riche et structurée, encore parlée par environ 600 000 personnes. Depuis deux siècles, la zone bretonnante (zone où l'on parle le breton) est nettement moins étendue mais les Bretons souhaitent cultiver leur langue. Outre l'expérience des Ecoles Diwan, entreprise dans les années soixante-dix, on a introduit le breton dans les écoles publiques à partir des années quatre-vingts.

On retrouve des mots bretons dans les noms de lieux et de personnes : « Loc » signifie « saint », « Ker » signifie « village » et tous les panneaux de signalisation sont en deux langues.

Autres exemples de mots bretons :

Mot	Traduction	Prononciation standard
terre	douar	'duar
ciel	oabl	wabr
eau	dour	du:r
feu	tan	tã:n
homme	den	de:n
femme	maouez	mow_s
manger	debriñ	'dibi
boire	evañ	'e:v_
petit	bihan	'bij_n
nuit	noz	no:s
jour	deiz	de:
grand	bras	bra:s

2 Armor ou Argouat ?

L'Argouat, en breton le « pays des bois », est la Bretagne de l'intérieur par opposition à l'Armor, le « pays de la mer ».

L'Argouat, l'arrière-pays breton, est un paysage de landes, de bocages et de prairies assez peu peuplé. Le paysage des Monts d'Arrée en est un exemple très marquant. Il faut citer le parc régional d'Armorique qui recouvre 110 000 hectares. On dit souvent que le vent du mystère et de la découverte souffle sur L'Argouat. La Bretagne est empreinte de légendes, qui se mêlent à la foi chrétienne très présente.

La Bretagne est la première région agricole française. On y pratique l'élevage du porc et des volailles et on y cultive des légumes tels que les choux-fleurs, les artichauts et les pommes de terre.

Mais l'influence de l'océan est incontestable. La Bretagne est le pays de la mer et du grand large, **l'Armor**. C'est un paysage sauvage et rude, marqué par les assauts des vagues et des marées et le vent parfois violent. Les paysages côtiers les plus célèbres sont par exemple Cancale, la pointe du Raz, la côte d'émeraude, Cap Fréhel.

Avec 1200 km de côtes, la Bretagne fournit 40 % de la production française des poissons et crustacés ainsi que la totalité des algues.

3 Les Pardons, qu'est-ce que c'est ?

Les Pardons sont des pèlerinages qui font parties des nombreuses fêtes religieuses rythmant l'année en Bretagne. Il s'agit de la fête annuelle la plus importante dans la vie de la paroisse. A cette occasion, on défile après la messe à travers le village en suivant des statues, des reliques et des croix afin de demander aux saints de pardonner les fautes des villageois.
Il existe aussi de nombreuses fêtes folkloriques dans cette région. On citera Les Fêtes de Cornouailles à Quimper, riches en costumes et coiffes traditionnelles et aussi les célèbres fest-noz (fêtes de nuit), des fêtes locales qui connaissent toujours un grand succès.

4 A-t-on réussi à allier tradition et modernité en Bretagne ?

La Bretagne était une région pauvre, victime de l'exode rural. Aujourd'hui, elle connaît un grand essor grâce à l'industrie automobile, les télécommunications, la recherche océanographique, le tourisme et la balnéothérapie.
Prenons l'exemple de Rennes, avec sa technopole Atalante regroupant des industries d'électronique de pointe et les laboratoires de recherche de grandes firmes mondiales de télécommunications. Plus de 3000 chercheurs y sont présents. Rennes est même classée parmi les trois villes les plus dynamiques de France. On y trouve aussi le Val, la première ligne de métro automatique française.
La construction navale est une activité importante en Bretagne. On citera les villes de Saint-Malo, Brest et Lorient où l'on construit des bateaux de pêche et des navires de guerre. Il faut naturellement évoquer Brest, ville universitaire qui abrite le Centre océanographique Océanopolis, créé en 1990 et dans lequel on peut apprendre à connaître la mer, les phénomènes des marées, des vagues et des écosystèmes.

5 Obélix les a-t-il vraiment taillés ?

Dans la célèbre bande dessinée Astérix et Obélix, la profession d'Obélix est tailleur de menhirs. En réalité, ces mégalithes (grosses pierres) remontent au quatrième millénaire avant J.C. On en distingue deux sortes. D'une part, les **menhirs**, pierres dressées pesant parfois jusqu'à 350 tonnes et regroupées en cercles appelés cromlechs ou sous forme d'alignement, comme le célèbre alignement de Carnac avec ses 3000 menhirs. D'autre part les **dolmens**, tables de pierre dont on suppose qu'elles étaient destinées aux rites religieux. On retrouve dans la Baie de Morlaix le célèbre cairn de Barnenez. Il est formé de onze dolmens.

B Activités

Texte à compléter sur la Bretagne

Compléter avec les mots suivants :
harpes, culture, épices, août, sons, ville, musique, racines, époque.

Le Festival interceltique de Lorient

Depuis l'__________ où les marins partaient à la conquête du monde pour aller chercher des __________ , Lorient fait rayonner l'âme de la Bretagne. C'est donc tout naturellement dans cette __________ qu'est né le Festival interceltique. Il a lieu tous les ans au mois d'__________ , depuis 1971. Toute la Bretagne s'y retrouve pour y célébrer sa musique et sa __________ . Non seulement les Bretons, mais aussi les Irlandais, les Gallois, les Anglais de Cornouaille et les Espagnols de Galice se rendent au Festival : toutes ces régions ont en effet des __________ celtes en commun. Pendant plusieurs jours, la ville est alors remplie des __________ des binious, des __________ celtiques et des cornemuses. Ce rendez-vous traditionnel attire aussi beaucoup la jeunesse grâce à la nouvelle __________ folk bretonne.

Solutions : époque, épices, ville, août, culture, racines, sons, harpes, musique

Petit quiz sur la Bretagne

1. Un menhir est	a) une table b) une pierre dressée c) un poisson.
2. Un pardon est	a) un combat où le vainqueur doit demander pardon b) une fête religieuse c) une pâtisserie.
3. On peut fourrer les crêpes avec	a) du sucre b) de la confiture c) du saumon.
4. La langue bretonne est parlée par	a) environ 600 personnes b) environ 6 000 personnes c) environ 600 000 personnes.
5. En Bretagne, on produit	a) des choux-fleurs b) des bananes c) des olives.

Solutions : 1b, 2b, 3a/b/c, 4c, 5a

Sujets d'exposé

Un site contenant de nombreuses informations très intéressantes sur la Bretagne ainsi que des activités à faire en cours.
http://www.ph-ludwigsburg.de/html/2b-frnz-s-01/overmann

Le site du Grand Aquarium de Saint-Malo permet de travailler sur le domaine de la mer de façon agréable : http://www.aquarium-st-malo.com

C Recette

Les crêpes

Ingrédients :

(pour 4 personnes)
250 g de farine,
4 œufs,
1/2 litre de lait,
un sachet de sucre vanillé,
une pincée de sel,
50 g de beurre.

Préparation : Il est préférable de laisser reposer la pâte au moins une heure avant de faire les crêpes. Mélanger dans un saladier la farine, les œufs, le sucre vanillé, une pincée de sel et environ 1/2 litre de lait ou un peu plus si la pâte est trop épaisse. Lorsque le tout est bien délayé, on ajoute le beurre fondu. On peut aussi parfumer la pâte avec un filet de fleur d'oranger (traditionnellement, on utilise un filet de cognac).

Verser ensuite dans une poêle – à peine graissée – juste assez de pâte pour recouvrir le fond et faire cuire chaque crêpe environ 3 minutes. L'idéal est d'utiliser une crêpière électrique (il faut en effet un certain tour de main pour réussir les crêpes dans une poêle).

On sert les crêpes bien chaudes. Pour les garnir, on peut s'inspirer des nombreuses recettes à découvrir sur le site suivant :
http://gastronomie.philagora.org/bretagne/index.htm

Site général sur la Bretagne :
http://www.bretagne.com

6 La Normandie

A La région en questions

1 Y a-t-il une ou deux Normandies ?

La Normandie se compose de deux régions : la Basse-Normandie et la Haute-Normandie, qui, séparées par la Seine, ont des personnalités bien marquées. Les départements de la **Basse-Normandie** sont le Calvados, la Manche et l'Orne. La Basse-Normandie est plutôt rurale. La vie y est encore très traditionnelle. C'est la région des pommes, des vaches et des fermes à l'architecture typique. Mais c'est aussi là que se trouvent les célèbres plages du Débarquement de la Seconde Guerre mondiale.

La Haute-Normandie regroupe les départements Eure et Seine-Maritime. Les falaises d'Etretat sont l'emblème de cette région. Le Havre, deuxième port de France, est un grand centre universitaire.

La **Haute-Normandie** est une région très verdoyante où l'on trouve beaucoup d'églises romanes. Il y a plus de cinq cents sites classés « monuments historiques ».

2 Quelle est la plus belle plage normande ?

Les côtes normandes qui s'étendent sur plus de cinq cents kilomètres présentent des paysages variés et plusieurs belles plages. On y trouve les falaises de Caux, les criques de la presqu'île du Cotentin et les plages chics de Deauville.
Les falaises du Pays de Caux qui se dressent sur plus de cent mètres de haut entre le Havre et Tréport subissent continuellement l'érosion. Cette Côte d'Albâtre est un mur de craie d'environ 120 kilomètres de long.
La falaise d'Etretat, avec son arche naturelle, est la plus célèbre falaise de la côte.
Deauville est la plage élégante par excellence. Toujours entourée d'un certain mythe, elle a su résister à de nombreuses crises et, accueillant chaque année à l'automne le Festival du film américain, elle a gardé tout son prestige.
La plage de Dieppe est la plus proche de Paris. Bien qu'il s'agisse d'une plage de galets, elle est toujours très populaire. Dieppe n'est pas seulement un centre touristique. C'est à la fois un grand port de commerce et un grand port de pêche.

3 Qu'est-ce qui caractérise le bocage normand ?

Le bocage normand est composé de clairières très vertes cloisonnées par des haies et des talus lui donnant l'apparence d'un damier. L'élevage des chevaux et des bovins, la production de pommes et la fabrication de produits laitiers en sont les activités principales. 18 % de la population vit de l'agriculture.
La vache de race normande fait partie du patrimoine de la région. Il s'agit d'une race protégée. C'est avec son lait que certains fromages comme le Livarot ou le Pont-l'Evêque sont fabriqués.
Il faut signaler que le bocage est un domaine qui se dépeuple petit à petit. La densité de population descend parfois à trente habitants par kilomètre carré.

4 Rive gauche, rive droite, quelle différence ?

Rouen est la capitale de la Haute-Normandie. Son agglomération compte près de 400 000 habitants. C'est une ville tournée vers le tourisme mais aussi le cinquième port français. Rouen donne l'impression d'être multiple. La cité est traversée par la Seine. Sur la rive gauche, on trouve le Rouen économique, quartier en plein essor, et sur la rive droite, il y a le Rouen historique, aux nombreux clochers et peuplé d'étudiants. Il faut mentionner la célèbre cathédrale Notre-Dame, chef-d'œuvre du gothique flamboyant. Le peintre Monet était fasciné par cette cathédrale et en réalisa trente toiles. Rouen est aujourd'hui considérée comme une grande banlieue de Paris même si elle rêve encore d'être desservie par le TGV.

5 La ville de Caen arrive au deuxième rang en France. Savez-vous dans quel domaine ?

Il s'agit du deuxième rang des villes françaises en ce qui concerne la qualité de la vie. Cette cité, capitale industrielle de la Basse-Normandie, compte environ 115 000 habitants et accueille plus de 30 000 étudiants.
Reconstruite après la Deuxième Guerre mondiale, elle présente une architecture particulière. Son centre comprend deux larges avenues parallèles. Le long de ces avenues, on aperçoit d'un côté une grande prairie et de l'autre un port de plaisance, le Bassin St Pierre. Caen a très bien su tirer parti de sa destruction à plus de 80 % par les bombardements en 1944. La reconstruction s'est effectuée en harmonie avec le style de l'architecture ancienne qui avait survécu à la guerre. Le château fort qui domine la ville est une preuve réussie de la reconstruction de Caen. On doit aussi mentionner que l'université de Caen est une des plus anciennes de France.

6 Connaissez-vous la dernière ville de l'Europe continentale ?

Cherbourg occupe la pointe nord de la presqu'île du Cotentin. Elle donne au voyageur l'impression d'être au bout du monde, d'autant plus que son accès par la route est parfois difficile. Cherbourg est une ville maritime tournée vers l'Angleterre et l'Irlande. Dans le centre de la ville, reconstruit après la guerre, on trouve des rues pleines de charme avec des pubs ou bars typiquement cherbourgeois.
Au niveau industriel, Cherbourg est l'un des ports français les plus importants (port de pêche, port militaire, de commerce et de tourisme).

7 Que peut-on dire de l'industrie normande ?

La ville de Rouen et sa région ont une forte tradition industrielle. On citera les Raffineries Shell, Elf-Atochem et les Usines Renault, qui sont toutes des entreprises de grande taille. La Haute-Normandie attire les investissements étrangers les plus forts de toute la France et environ 300 firmes étrangères y sont implantées.

La Hague est une centrale de retraitement des déchets nucléaires aussi très importante (et très controversée). Il faut naturellement citer la technopole Synergia qui participe activement au développement économique de la région.

8 Le village de Camembert existe-t-il vraiment ?

Camembert est un petit village du Pays d'Auge. Il compte environ deux cents habitants. On dit que c'est dans ce village qu'est né le fromage si célèbre. Depuis 1983, les ingrédients et la fabrication du camembert sont sévèrement contrôlés. Ce produit bénéficie d'une appellation d'origine contrôlée (A.O.C.). Au village de Camembert, un agriculteur veille à ce que la fabrication soit effectuée selon la tradition.

B Sujets d'exposé

La pomme est un peu un symbole de la Normandie et donne lieu à de nombreux sujets d'exposé : le paysage des vergers de Normandie, la fabrication du jus de pomme, du cidre et les différentes recettes à base de pommes.

Quelques sites utiles :
http://www.normandieweb.org/gastro/, cliquez sur « le cidre ».
http://perso.wanadoo.fr/abccuisine, cliquez sur « recettes » puis « pommes ».

C Recette

La Tarte normande

Ingrédients :

(pour 6 personnes)
220 g de farine,
130 g de beurre,
6 pommes,
3 jaunes d'œuf,
6 cuillères à soupe de crème à fouetter,
4 cuillères à soupe de sucre,
2 pincées de cannelle,
2 pincées de sel,
zestes de citron,
125 ml d'eau.

Préparation : Mélangez rapidement 100g de beurre coupé en petits morceaux à la farine après avoir ajouté une pincée de sel et l'eau. Formez une boule que vous laisserez reposer une heure au frais.
Etalez ensuite la pâte au rouleau et garnissez-en un moule beurré.
Epluchez les pommes et coupez-les en gros quartiers, répartissez-les sur la pâte étalée en formant une rosace.
Mélangez au fouet les jaunes d'œuf, la crème, 3 cuillères de sucre, la cannelle, les zestes de citron et une pincée de sel. Versez ce mélange sur les pommes.
Faites cuire la tarte à four moyen pendant 35 minutes. 5 minutes avant la fin de la cuisson, disposez les 30 g de beurre en flocons sur la tarte, saupoudrez de sucre afin de caraméliser légèrement la surface.

Site général sur la Normandie :
http://www.normandy-tourism.org/fr

7 Le Nord (Pas-de-Calais et Picardie)

A La région en questions

1 Pleut-il toujours dans le Nord ?

En général, on associe des paysages industriels, tristes et froids, aux régions du Nord. Le climat y est certes très rude, mais c'est une région où il fait bon vivre. Les habitants du Nord aiment organiser des fêtes très colorées. On y trouve de très beaux paysages comme l'arrière pays de la Picardie, composé de collines et traversé par de belles rivières. La Côte d'Opale, avec ses plages (Le Touquet-Paris-Plage) et ses falaises, est célèbre. Elle fait directement face aux falaises de l'Angleterre (à peine 40 km séparent Douvres de Calais).

2 Le Furet du Nord, qu'est-ce que c'est ?

Le Furet du Nord, situé à Lille, est la plus grande librairie de France. Lille est la capitale régionale du Nord-Pas-de-Calais. Avec ses 190 000 habitants, c'est un grand centre universitaire et une cité commerçante animée, qui a été nommée capitale européenne en 2004.

3 Saviez-vous que cette cathédrale fait presque le double de Notre-Dame de Paris ?

Notre-Dame d'Amiens est un chef-d'œuvre de l'architecture gothique. Son volume intérieur de 200 000 m^3 en fait le plus vaste édifice médiéval de France. Sa nef, de 145 m de long et 42,30 m de haut, est la plus haute de France. Cette cathédrale est inscrite au patrimoine mondial de l'Unesco depuis 1981. Son architecte a réalisé des prouesses, car, malgré ses dimensions imposantes, Notre-Dame donne une impression de légèreté.

4 Connaissez-vous les hortillonnages ?

En amont de la ville d'Amiens, la Somme et l'Avre ont créé une zone naturelle hors du commun. Il s'agit de petites îles d'alluvions très fertiles, prises dans un réseau de canaux et d'étangs qui sillonnent le quartier Saint-Leu. Les hortillonnages s'étendent sur une surface de 300 hectares. On y pratique une culture maraîchère de très bonne qualité. Selon la tradition, on peut voir une ou deux fois par an des barques à fond plat transporter fruits, légumes et fleurs jusqu'au Quai du marché sur l'eau, situé Place Parmentier.

5 Que sont les muches ?

Il s'agit de souterrains pouvant abriter jusqu'à 3000 personnes. On y trouve de nombreuses chambres et galeries et même une chapelle. Les muches ou Grottes de Naours sont situées à 33 mètres sous terre. Elles ont été aménagées par la main de l'homme au 9ème siècle pendant les invasions normandes. La température constante y est de 9,5 °. Elles ont servi de refuge au moment des guerres de religion ainsi que pendant la Première et la Seconde Guerres Mondiales.

6 De la confiture ou du lait ?

La confiture de lait est une spécialité picarde. La légende raconte qu'un cuisinier de l'armée napoléonienne laissa cuire du lait sucré, destiné aux soldats, plus longtemps que prévu. C'est donc par hasard que fut créée la recette de la confiture au lait. Il s'agit d'une pâte onctueuse au goût de caramel.

7 Des algues ou de la salade ?

La salicorne ou « corne salée » est une petite plante sauvage qui pousse dans les marais salants ou sur les plages de la Côte Atlantique et de la Manche. Elle est ramassée à la main au début de l'été. Les jeunes pousses de salicorne sont comestibles. Elles ont un goût iodé et sont très riches en sels minéraux. On les utilise pour faire des salades, des omelettes ou on les consomme comme légumes.

8 L'université d'Amiens porte le nom de Jules Verne. Pourquoi ?

Amiens est la capitale de la région Picardie, qui regroupe les départements Aisne, Oise et Somme. C'est dans cette ville que se trouve l'université « Jules Verne », centre de recherches réputé dans différentes disciplines.

Le nom de Jules Verne a été donné à l'université pour rendre hommage au célèbre écrivain. Originaire de Nantes, Jules Verne avait été séduit par Amiens et avait décidé de venir y vivre. Il y écrivit la plupart de ses « voyages extraordinaires ». Il s'intéressa à la vie de la cité et en devint même conseiller municipal. Jules Verne resta à Amiens de 1871 jusqu'à sa mort. Outre la maison de l'écrivain, on trouve à Amiens la plus grande collection vernienne. (http://www.cr-npdc.fr/liens/accueil.asp)

B Activités

Texte à compléter

Complétez avec les mots suivants :
personnages, famille, se marient, saluer, typiques, admirateurs, le poids, la tête, animaux, naissent, l'origine.

Les Géants du Nord

Les fêtes des Géants sont ________ de la région du Nord-Pas-de-Calais. Environ 300 Géants sont répartis à travers toute la région. Ils symbolisent chaque cité, représentant des ________ qui en ont marqué la vie (fondateurs, bienfaiteurs), des personnages imaginaires ou bien des ________ . On peut les voir défiler dans les rues à l'occasion de leur jour de fête car chaque Géant a son propre jour de fête ! Cette tradition remonte au XVIème siècle, mais on n'en connaît pas vraiment ________ .
Les Géants peuvent être portés par une ou plusieurs personnes. Ils défilent seuls, en couple ou quelquefois en ________ . Une de leurs caractéristiques est que leur vie peut être comparée à celle des êtres humains : en effet, ils ________ , grandissent, ________ , ont des enfants et ils meurent aussi !
Les jours de fêtes populaires, comme la Ducasse ou le carnaval, les Géants sont toujours fidèles au rendez-vous, réunissant de nombreux ________ .
Les porteurs quant à eux, doivent réaliser un gros travail. ________ d'un Géant peut en effet atteindre 135 kg qui se répartissent sur ________ et les épaules du porteur. Celui-ci doit aussi rendre son Géant vivant : il le fait danser, se balancer, ________ la foule et parfois embrasser une Géante …
Parmi les figures de Géants les plus célèbres, on peut citer Martin et Martine de Cambrai et Gargantua de Bailleul.

Solutions : typiques, personnages, animaux, l'origine, famille, naissent, se marient, admirateurs, le poids, la tête, saluer

C Recette

Les ficelles picardes

Ingrédients :

(pour 6 personnes)
6 grandes crêpes fines (que vous aurez préparées à l'avance – voir recette p. 69) du sel, du poivre.
250 g de champignons de Paris,
noix de muscade râpée,
4 cuillerées à soupe de beurre,
6 cuillerées à soupe de fromage de gruyère râpé,
50 g de farine,
6 tranches de jambon,
un demi-litre de lait,
6 cuillerées à soupe de crème fraîche.

Préparation : Coupez les champignons en petits dés après les avoir lavés rapidement. Faites-les cuire dans une casserole avec la moitié du beurre, à feu doux, pendant environ 10 minutes jusqu'à ce que toute leur eau se soit évaporée. Préparez une sauce béchamel avec le beurre restant, la farine et le lait. Assaisonnez avec du sel, du poivre et de la noix muscade. Versez ensuite la sauce sur les champignons. Hors du feu, ajoutez la moitié du fromage râpé et gardez au chaud. Découpez le jambon en petits morceaux que vous déposerez sur les crêpes. Ajoutez la sauce aux champignons et roulez les crêpes en ficelles. Mettez les crêpes dans un plat à gratin beurré. Versez la crème fraîche sur les crêpes après l'avoir salée et poivrée. Saupoudrez le tout avec le fromage râpé et mettez à gratiner à four très chaud pendant 10 minutes.

Site sur les Géants du Nord :
http://utan.lille.free.fr/geants_4.htm

8 La Provence

A La région en questions

1 La Provence est-elle seulement une région touristique ?

Cette région, appelée communément le Midi, est naturellement connue pour le soleil et la mer. Elle attire chaque année de nombreux touristes. Les bouchons de l'Autoroute du Soleil en sont la preuve. Mais elle est aussi un grand pôle d'attraction économique. On peut citer comme exemple Marseille, la troisième ville de France, qui est un grand centre industriel et commercial (industrie pétrolière) et aussi le premier port français (le troisième d'Europe). Mais l'exemple le plus marquant est celui de la technopole Sophia-Antipolis, près de Nice. Celle-ci accueille un centre universitaire et des entreprises de technologie avancée où tous les secteurs de pointe sont représentés.
Site de Sophia-antipolis : http://www.sophia-antipolis.org

2 La région des célébrités ?

La Provence est toujours mise en rapport avec des vedettes et des stars du cinéma. On citera le Festival de Cannes, rendez-vous incontournable des stars du cinéma et ses défilés sur la Croisette. Ce boulevard, bordé de palmiers et de fleurs, longe la plage en pleine ville et est un alignement de grands hôtels, de magasins de luxe et de restaurants chics. Cannes n'est pas seulement un rendez-vous médiatique au moment du festival. Elle s'est imposée aussi tout au long de l'année avec le Midem, un grand rassemblement du monde musical et le Mipcom, qui concerne le monde de la télévision. Il faut d'autre part mentionner Saint-Tropez, dont le port si pittoresque abrite une flotte de yachts gigantesques.

Site du Festival de Cannes : http://www.festival-cannes.fr
Site de l'office du tourisme de Saint-Tropez : http://www.ot-saint-tropez.com

3 Les Anglais se promenaient-ils à Nice ?

Les vertus climatiques de la Riviera française ont été découvertes par des aristocrates anglais. Après s'être baigné en plein hiver 1763 dans la Baie de Nice, un certain Lord Cavendish fut l'initiateur d'une tendance qui vit s'installer de nombreux Anglais sur la Côte d'Azur. Ils y construisirent de somptueuses demeures et transformèrent un petit sentier de bord de mer, qu'ils utilisaient pour flâner, en une « Promenade », longue de plus de cinq kilomètres, bordées de villas magnifiques, où se trouve le célèbre hôtel Negresco. C'est ainsi que naquit la célèbre Promenade des Anglais, qui fait aujourd'hui le prestige de la ville de Nice, métropole d'environ 350 000 habitants.

4 Pourquoi dit-on que la Provence-Alpes-Côte-d'Azur est une région de contrastes ?

En Provence-Alpes-Côte-d'Azur, on trouve la ville la plus froide de France, Embrun près de Gap, qui connaît une moyenne annuelle de température d'environ 9° et la ville la plus chaude, Toulon, dont la température moyenne est d'environ 15°. C'est aussi dans cette région que se situe le village le plus haut de France, Saint-Véran, d'une altitude de 2042 mètres, et quelques-uns des plus hauts sommets de France mais aussi de grandes villes comme Nice ou Marseille, situées au niveau de la mer. On y trouve enfin d'une part, Marseille, la troisième ville de France, et d'autre part Claudies-de-Conflent, le village le moins peuplé de France avec seulement deux habitants !

5 Est-ce une région montagneuse ?

C'est dans cette région que se trouvent les Hautes-Alpes. Les sommets élevés y conservent leurs glaciers et leurs névés même en plein été. Ce paysage d'alpages, de torrents et de forêts est très apprécié pour les sports d'hiver. On trouve des sommets très élevés (3200 m) à cinquante kilomètres à peine de Nice. Du fait de la proximité de la mer, la végétation du sud des Hautes-Alpes est méditerranéenne. Dans les Hautes-Alpes, les activités se concentrent sur le tourisme et l'élevage.

Il faut aussi mentionner que ces montagnes forment des coulisses idéales pour le passage annuel du Tour de France, comme par exemple l'ascension du Col du Galibier.

6 Quelles sont les traces de la culture latine ?

La Provence est très marquée par la culture latine, comme en témoignent les nombreux vestiges romains. On citera par exemple le Pont du Gard, les arènes d'Arles, le théâtre d'Orange ou la Maison carrée à Nîmes. On retrouve aussi l'esprit romain dans l'aménagement des villes et les toits de tuiles rondes. Le grand intérêt pour la chose publique, qui caractérisait les Romains, est aussi très présent en Provence. Le climat de la région est propice à la communication et les échanges en plein air.

7 Quels grands peintres, sculpteurs ou architectes associe-t-on à la Provence ?

CÉZANNE était originaire de Provence. Son œuvre est fortement inspirée de cette région. On peut prendre comme exemple les nombreux tableaux qu'il a réalisés représentant la Montagne Sainte-Victoire, près d'Aix-en-Provence. Certains artistes sont venus y chercher leur inspiration : comme par exemple GAUGUIN ou VAN GOGH ainsi que l'architecte LE CORBUSIER, dont les travaux étaient empreints de l'influence du soleil. D'autres noms sont indissociables de la Provence : FRAGONARD, RENOIR, MONET, NICOLAS DE STAËL, PICASSO ou MATISSE.

On trouve dans la région plusieurs circuits touristiques qui rendent hommage à des artistes. Un itinéraire marqué de la lettre C permet par exemple de retrouver et de visiter les lieux où a vécu CÉZANNE à Aix-en-Provence.

B Sujets d'exposé

1 Découvrir la Provence en découvrant les produits de son terroir

Faire rechercher aux élèves les produits typiques de la Provence, **l'olive** ou **la lavande**.

Les élèves peuvent se renseigner sur la culture des **olives** et sur les produits fabriqués à partir de l'olive : huile alimentaire, produits de beauté …

Informations :

http://www.luberon-news.com/olive

http://www.provence-prestige.tm.fr/chemins/olive.cfm

http://www.provenceweb.fr, cliquez sur « magazine » puis sur « terroir » et sur « l'olive et l'olivier en Provence ».

Le même travail est réalisable sur la lavande avec laquelle on fabrique du parfum, des huiles essentielles et d'autres produits de beauté. Les champs de lavande sont aussi un paysage très typique de la Provence.
Site sur la lavande :
http://www.routes-lavande.com/connaitre
http://www.provenceweb.fr, cliquez sur « lavandes ».

2 Noël en Provence

Les Noëls de Provence sont de véritables spectacles. Telle la messe de Minuit au village des Baux avec des crèches parlantes ou vivantes.
La Provence est aussi connue pour ses santons. Ce sont de petites figurines en argile qui décorent la crèche de Noël. Il existe des marchés aux santons, dont le plus célèbre est la Foire aux santons de Marseille.
Site sur les santons : http://www.provence-prestige.tm.fr, cliquez sur « les chemins » puis sur « les santons ».

C Recette

Cake salé aux olives

Ingrédients :

(pour 6 personnes) :
300 g de farine,
3 œufs,
1 petit verre d'huile d'olive,
5 cl de vinaigre de cidre,
5 cl de lait,
1 cuillère à café rase de bicarbonate de soude,
150 g d'olives noires dénoyautées,
150 g d'olives vertes dénoyautées,
100 g de graines de tournesol légèrement grillées,
150 g de Comté coupé en dés,
1 cuillère à soupe de persil haché,
1 cuillère à café d'herbes de Provence,
1 pincée de sel.

Préparation : Mélangez la farine, le sel, le bicarbonate avec les œufs, puis l'huile, le vinaigre et le lait. Ajoutez à la pâte les herbes de Provence, les olives, le persil, le Comté et les graines de tournesol et mélangez bien le tout. Versez dans un moule à cake huilé. Faites cuire à four moyen pendant 45 minutes. Démoulez et coupez en fines tranches.

Site officiel de la région :
http://www.cr-paca.fr

9 Régions et musique

Outre **la Fête de la musique**, le 21 juin de chaque année, il existe un grand nombre de festivals musicaux à travers la France, comme le Printemps de Bourges ou le Mai musical de Bordeaux, par exemple. Vous trouverez ci-dessous différents sites qui permettront de faire des recherches.

Site de la Fête de la musique :
http://www.fetedelamusique.culture.fr

Les principaux festivals de musique en France

1 Sons d'Hiver

Ce festival a lieu dans le Val-de-Marne. Tous les domaines musicaux y sont représentés.
Site Internet : http://www.sonsdhiver.org
Informations touristiques :
http://www.tourisme.fr/office-de-tourisme, tapez « choisy-le-roi ».

2 Nuits unplugged

Ce festival se déroule à Grenoble.
Site Internet : http://www.nuitsunplugged.com
Informations touristiques :
http://www.tourisme.fr/office-de-tourisme, tapez « grenoble ».

3 Le printemps de Bourges

C'est le rendez-vous classique des professionnels. On y propose 40 spectacles, des scènes ouvertes et une centaine de concerts dans toute la ville.
Site Internet : http://www.printemps-bourges.com
Informations touristiques :
http://www.tourisme.fr/office-de-tourisme, tapez « bourges ».

4 Eurockéennes de Belfort

Il s'agit d'un des plus grands festivals de rock en France. Ce festival a lieu sur la presqu'île du lac de Malsaucy près de Belfort.
Site Internet : http://www.eurockeennes.fr/dn_goodies
Informations touristiques sur Belfort :
http://www.tourisme.fr/office-de-tourisme, tapez « saintes ».

5 Francofolies de la Rochelle

Ce festival, créé en 1984, se déroule tous les ans au mois de juillet.
Site Internet : http://www.francofolies.fr
Informations touristiques :
http://www.tourisme.fr/office-de-tourisme, tapez « la rochelle ».

6 Les Vieilles Charrues

Ce festival, qui se tient en Bretagne, à Carhaix, est devenu le premier festival de France par le nombre de ses spectateurs (170 000 en trois jours !).
Site Internet : http://www.vieillescharrues.asso.fr
Informations touristiques :
http://www.tourisme.fr/office-de-tourisme, tapez « carhaix-plouguer ».

7 Festival Interceltique

Ce festival a lieu à Lorient, en Bretagne, et réunit chaque année jusqu'à 650 000 personnes.
Site Internet : http://www.festival-interceltique.com
Informations touristiques :
http://www.tourisme.fr/office-de-tourisme, tapez « lorient ».

8 Festi'Val de Marne

Ce festival souhaite donner un espace à la chanson alternative à une époque où la célébrité est parfois créée de manière industrielle.
Site Internet : http://www.festivaldemarne.org
Informations touristiques : http://www.tourisme.fr

Questionnaire pour réaliser une étude sur un festival de musique

1. Comment s'appelle le festival ?	
2. Dans quelle ville a-t-il lieu ?	
3. Combien de jours dure-t-il ?	
4. A quel moment de l'année a-t-il lieu ?	
5. Où ont lieu les concerts ? (dans la rue, dans des salles de concert ?)	
6. Quel est le style de musique ?	
7. Parlez du programme du festival.	
8 Parlez d'un événement qui a marqué le festival.	
9. Vous voulez acheter des billets sur Internet. Comment faites-vous et combien coûtent-ils ?	
10. Où pouvez-vous loger pendant la durée du festival ?	

10 Régions et parcs nationaux

La création d'un parc naturel a pour but la protection et la valorisation d'un patrimoine naturel et culturel. Les critères de sélection sont, à partir d'un territoire à dominante rurale : les paysages, les milieux naturels et un patrimoine culturel de grande qualité, mais à l'équilibre fragile.
Grâce aux parcs naturels, des espèces menacées de disparition ont pu survivre. C'est ainsi que l'on peut découvrir des aigles royaux dans le Parc du Mercantour ou bien des chamois dans le Parc de la Vanoise.

La France compte actuellement sept parcs nationaux :

- les Cévennes
- la Guadeloupe
- les Ecrins
- le Mercantour
- Port-Cros
- Les Pyrénées
- La Vanoise

Site des parcs nationaux :
http://www.parcsnationaux-fr.com/accueil
http://www.parcs-naturels-regionaux.fr

Questionnaire pour faire des recherches sur un parc national

1. Nom du parc	
2. Où est situé le parc (au nord, au sud, à l'est, à l'ouest de la France ?) et quelle est sa surface ?	
3. Dans quelle région se trouve le parc ?	
4. Quelle est la grande ville la plus proche du parc ? Quelles sont les particularités de cette ville ?	
5. Décrivez la flore du parc.	
6. Décrivez la faune du parc.	
7. Pourquoi ce parc a-t-il été créé ?	
8. Quelles activités de loisirs propose-t-on dans ce parc ?	

11 Sites d'informations générales

Voilà quelques sites pour mieux connaître les régions françaises :

« La France à la Carte » vous propose un voyage sonore à travers la France. Vous pourrez y découvrir les différents accents des Français, leur vie, la gastronomie, la nature et le patrimoine français.
Site Internet :
http://www.rfi.fr, cliquez « langue française apprendre & enseigner » puis dans « enseigner », cliquez « la France à la carte ».

Le Site de l'Insee vous donne des informations générales sur la France :
http://www.insee.fr

Le site du CNRS vous fournit des informations actuelles sur les régions :
http://www.urec.cnrs.fr/annuaire

Le site du Centre des Monuments nationaux : vous y trouverez la description des monuments français, des photos, des termes de vocabulaire, des jeux.
http://www.monum.fr

Le Web histoire-géo donne d'innombrables informations sur l'histoire, la géographie et l'éducation civique pour l'enseignement secondaire :
http://histoire.geo.free.fr

Le site mister-Géo contient deux versions : une version Quizz pour tester les connaissances et une version Encyclo où il peut être interrogé :
http://www.mistergeo.com

3 Thèmes d'actualité

In diesem Kapitel wollen wir ein paar markante Themen der französischen Gesellschaft unter dem Aspekt der aktuellen Veränderungen präsentieren. Es handelt sich wie in den anderen Kapiteln um eine willkürliche Auswahl. Wir wollen damit den Lehrenden, die nicht so oft nach Frankreich fahren, die Möglichkeit geben, sich ein Bild von dem heutigen Frankreich zu machen und besser auf eventuelle Fragen der Schüler vorbereitet zu sein. Deswegen haben wir auch das Kapitel auf Französisch geschrieben, damit die Fachbegriffe sofort zur Verfügung stehen. Wir haben sie alphabetisch geordnet.

1 Attac, José Bové et le mouvement altermondialiste

Née en 1998, l'organisation Attac s'est imposée en France comme le chef de file du mouvement altermondialiste (se dit d'un courant d'idée s'opposant à la logique de « mondialisation » libérale, on disait autrefois « antimondialiste »). Au-delà des clivages politiques, elle revendique son statut de « mouvement d'éducation populaire » tourné vers l'action.

Taxer les marchés financiers

Chaque jour, quelque 1500 milliards de dollars sont échangés sur le marché des changes, alimentant de vastes mouvements de spéculation qui accentuent l'instabilité des économies et creusent les inégalités sociales, dans les pays du Nord comme dans les pays du Sud. Pour lutter contre cette puissance financière, Attac reprend l'idée de l'économiste américain James Tobin (Prix Nobel d'économie) qui proposa dès 1972 de taxer toutes les transactions du marché des changes. Objectif de cette taxation : stabiliser ces marchés et procurer de l'argent à la communauté internationale. Sur la base des évaluations faites par le PNUD (Programme des Nations Unies pour le développement) en 1997, une taxe de seulement 0,1 % sur ces mouvements spéculatifs rapporterait 166 milliards de dollars, soit deux fois plus que la somme annuelle nécessaire pour supprimer l'extrême pauvreté dans le monde.

Multiplier les thèmes de réflexion

Au fil des années, Attac a élargi ses thèmes de réflexion. Tout en continuant de revendiquer la mise en place d'une taxe Tobin, l'association s'est inscrite dans le mouvement altermondialiste en prenant position sur des questions très diverses : le développement durable, l'Europe sociale, le commerce équitable, les OMG, les retraites, etc. Soutenus par l'édition de brochures ou de livres et le travail de différentes Commissions thématiques, le comité scientifique d'Attac (140 membres) et ses comités locaux (218 en France) diffusent une multitude de textes et d'analyses. Localement, des débats et des réunions publiques sont régulièrement organisés, de même que sont décidées des actions collectives (pétitions, tracts, participation à une manifestation nationale ou internationale, etc.)

Quel rapport avec la politique ?

Le grand succès d'Attac est d'avoir réussi à rassembler des personnes aux origines et convictions très diverses : syndicalistes, militants politiques, universitaires, simples citoyens, jeunes, etc. Face au discrédit des partis politiques, l'association insiste sur la nécessité d'une réponse « citoyenne » et cette réponse ne veut pas être au service de telle ou telle idéologie, mais se présente comme « une façon de se réapproprier ensemble l'avenir du monde ». La démarche est donc différente de celle des partis politiques. Selon les responsables d'Attac, ces derniers « se situent du côté du pouvoir » alors que l'association, elle, souhaite « se situer du côté du contre-pouvoir, dans la société ». L'objectif d'Attac n'est donc pas le pouvoir dans l'Etat mais une démocratie participative dans laquelle les citoyens occupent le maximum d'espaces de décision.

Attac en chiffres

A la fin 2004, Attac comptait plus de 30 000 adhérents dont 1000 « personnes morales » (c'est-à-dire des associations, syndicats, entreprises, médias, élus, etc.). Les adhérents sont âgés de 14 à 95 ans et répartis sur toute la France en 215 comités locaux. L'association est également présente dans près de 50 pays du monde.

José Bové

José Bové, né en 1953, personnage très médiatique avec sa moustache de Gaulois, est exploitant agricole dans le Larzac où il élève des moutons pour la fabrication du Roquefort. Il est connu pour sa participation à des débats ou des manifestations contre la mondialisation. Le fait qui l'a rendu célèbre est le « démontage » (d'autres emploient le mot saccage) collectif du restaurant Mc Donald's en construction de Millau en août 1999 pour protester contre la décision de l'Organisation mondiale du commerce de pénaliser certaines importations européennes, dont le fromage de Roquefort, en raison du refus de l'UE d'importer du bœuf aux hormones des Etats-Unis. José Bové sera condamné à trois mois de prison ferme pour sa participation à cette action. Il sera condamné à nouveau à 10 mois de prison ferme en 2003 pour l'arrachage de champs d'essai d'OMG (organisme génétiquement modifié) et de plants de riz transgéniques qu'il considère comme un modèle d'agriculture potentiellement dangereux, rappelant les veaux aux hormones américains et la maladie de la vache folle. Il s'agit pour lui d'un acte de désobéissance civile.

2 Le problème corse

Petit rappel historique

Frondeuse, révoltée, fière de sa culture, de sa langue et de ses traditions, la Corse a dû subir tout au long de son histoire une succession d'invasions et d'occupations : les Etrusques, les Phéniciens, suivis des Romains vont coloniser l'île. Elle passera ensuite aux mains des Génois puis des Français au XVIIIe siècle. Tout en s'adaptant à la nouvelle donne politique, la société corse ne renoncera pas à ses spécificités. Au cours du XXe siècle, le sous-développement chronique de l'île va exacerber les tensions politiques et des mouvements nationalistes vont apparaître.

Des événements d'Aléria à l'assassinat du préfet Claude Erignac

Le terrorisme qui a frappé l'île ces dernières années naît le 22 août 1975. Ce jour-là, un groupe armé occupe une cave viticole à Aléria (Haute-Corse) afin de protester contre des viticulteurs non corses et qui, selon les nationalistes, produisaient du vin bon marché. Au cours de l'assaut donné par les forces de l'ordre, deux gendarmes sont tués. S'ensuit une répression policière disproportionnée. Aléria devient alors le symbole de lutte contre le « colonisateur français ». En 1976, le Front de libération national de la Corse (FLNC) est constitué, il est le premier mouvement indépendantiste de l'île. Ce mouvement va multiplier les attentats contre les édifices publics en veillant toutefois à ne pas faire de victimes civiles (plasticages qu'on a surnommé « les nuits bleues »). Dissous en 1983 par les autorités, le FLNC devient un mouvement illégal et clandestin. Très rapidement, il éclate en une dizaine de groupuscules : certains se veulent uniquement politiques (Corsica Nazione) et d'autres se veulent militaires et violents (FLNC-Canal historique, Resistenza, etc.). Depuis le début des années 90, des groupes fonctionnant sur le même modèle que la mafia italienne sont apparus. Profitant du climat de violence que faisaient régner les mouvements indépendantistes, ces groupes ont multiplié enlèvements, rançons et meurtres. En dix ans selon les rapports de police, 247 personnes ont été victimes de mort violente en Corse. En 1998, le préfet (fonctionnaire le plus haut placé représentant l'Etat français) Claude Erignac est assassiné.

Le processus de Matignon

Pour mettre fin à cet engrenage de la violence, le Premier ministre de l'époque, Lionel Jospin, engage en 1999 ce qu'on a appelé le « processus de Matignon ». Car même si les nationalistes ont obtenu 17% des voix aux dernières élections territoriales, la grande majorité des Corses refusent la violence et ne veulent pas couper les ponts avec la France. En 2000, les élus corses, parmi lesquels figuraient des représentants nationalistes, signent les accords de Matignon sur un nouveau statut de la Corse qui doit lui donner une autonomie plus large que celle dont elle bénéficie alors. Ces accords prévoient la possibilité pour l'Assemblée de Corse (51 élus) d'adapter des dispositions législatives et réglementaires en fonction des spécificités de l'île. Elle aura des compétences dans les domaines économique, social et culturel ; l'enseignement de la langue corse est dispensé dans les écoles. Le 23 janvier 2002, après son examen devant le Conseil constitutionnel et plusieurs amendements, la loi sur la Corse est promulguée par le Président de la République, Jacques Chirac, qui se félicite que l'île « reste pleinement ancrée dans la République » et se prononce contre la violence : « nos concitoyens corses et leurs élus sauront saisir la chance de retrouver les voies du progrès dans cet espace national, européen et méditerranéen qui est le leur ».

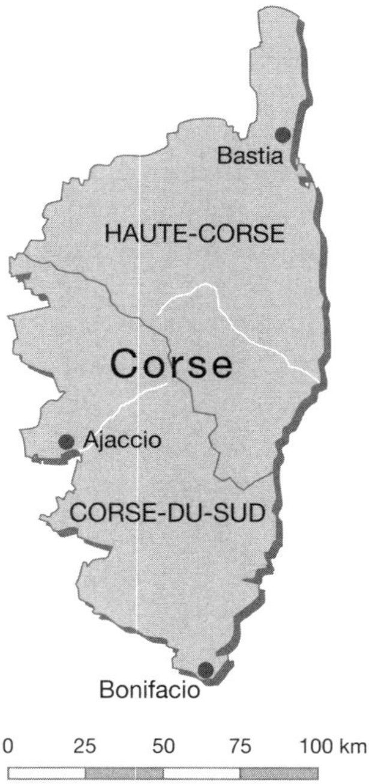

3 L'exception culturelle

Cette expression est née au cours des négociations de l'Uruguay Round (1986–1994) dans le cadre du GATT et de l'OMC pour s'opposer aux prétentions américaines de libéraliser le secteur audiovisuel. Cette notion d'exception culturelle, ardemment défendue par la France, jouit d'un prestige énorme parce qu'elle signifie, pour l'opinion publique, le refus des diktats du GATT et de l'OMC, le refus de traiter la production artistique comme une simple marchandise.

Pour comprendre la position de la France, il faut faire un petit rappel historique. Le cinéma est né en France en 1895 après la création du cinématographe par les frères Lumière. L'industrie du cinéma est également née en France avec la création de studios de cinéma par Charles Pathé et Léon Gaumont. Dans les années 20 et 30, des cinéastes tels que Jean Renoir, René Clair ou Marcel Carné ont créé la légende du cinéma français.

Aux Etats-Unis dès le début, contrairement à la France, le cinéma a été avant tout une affaire commerciale. Les films sortaient des studios comme les voitures Ford des chaînes d'assemblage. Ainsi après la Seconde Guerre mondiale, la production cinématographique est devenue essentiellement américaine, le cinéma devenant l'une des industries les plus florissantes du XXe siècle. Au sommet de sa popularité dans les années 40 et 50, les studios américains produisaient jusqu'à 400 films par an. Afin de lutter contre cette prédominance du cinéma américain, la France a mis en place dès 1945 un système de financement pour les films français, le fondement de celui existant actuellement. Le Centre National de la Cinématographie est donc né en 1946.

Cette rivalité historique entre la France et les Etats-Unis dans la production cinématographique est toujours d'actualité et dévoile deux conceptions du cinéma : l'une industrielle, l'autre culturelle.

Ceci dit, ce concept d'exception culturelle tend à être remplacé par le concept de diversité culturelle. C'est à l'Europe maintenant de s'impliquer dans la défense du cinéma européen en oubliant la politique de concurrence et en créant une identité culturelle européenne.

4 La laïcité et le foulard islamique

Définition de la laïcité

La laïcité désigne le principe de séparation dans l'Etat de la société civile et de la société religieuse, ainsi que le caractère des institutions qui respectent ce principe. Inscrite dans la Constitution, elle est un des fondements de la République française. Elle trouve sa principale expression dans l'enseignement, mais se traduit aussi par un encadrement des relations financières entre les collectivités publiques et les religions et par le principe de neutralité des services publics.

Selon le principe de la laïcité, la croyance religieuse relève donc de l'intimité de l'individu. Elle implique un enseignement scolaire où la formation religieuse (dans le sens d'enseignement de la foi) est absente. Il faut mentionner par ailleurs que le terme laïque est également utilisé au sein de la religion catholique dans un sens très différent : il désigne une personne n'étant pas prêtre mais jouant un rôle actif dans l'organisation et l'animation des activités de l'église. Il s'agit en grande partie de femmes, puisque ces dernières n'ont pas accès à la prêtrise.

Les origines de la laïcité

Les rapports entre l'église et le pouvoir civil ont toujours été assez difficiles. Le christianisme a posé le principe d'une séparation des ordres (Dieu et César) mais l'histoire illustre de nombreuses luttes de pouvoir, parfois violentes, entre ses deux ordres. Les rois de France ont toujours voulu montrer la prééminence de leur pouvoir sur celui de l'Eglise, tout en donnant à la religion catholique une place officielle quasi-exclusive ; les autres religions ont donc alors été opprimées (guerres de religion, révocation de l'édit de Nantes) ou réduites à une place secondaire. La Révolution française a posé les bases de la liberté religieuse et de la séparation entre l'Etat et l'Eglise. Le XIXe siècle fut marqué par l'alternance entre l'affirmation de la place privilégiée de la religion catholique et le progrès de l'idée laïque, autour notamment de la question religieuse. La loi de 1905 a mis fin à ce mouvement, la République s'affirmant laïque et la religion étant définitivement cantonnée à la sphère privée. Au XXe, la question de la laïcité se concentrera surtout sur l'école.

Quelques dates clés

26 août 1789 : L'article X de la *Déclaration des droits de l'homme et du citoyen* proclame la liberté religieuse : « Nul ne doit être inquiété pour ses opinions, même religieuses ».

1791 : La Constitution instaure la liberté des cultes et donne les mêmes droits aux religions catholique, judaïque et protestante.

1881–1882 : Lois de Jules Ferry instituant l'école publique gratuite, laïque et obligatoire.

1905 : Loi de séparation des Eglises et de l'Etat : « La République ne reconnaît, ne finance ni ne subventionne aucun culte ».

1946 : Inscription du principe de laïcité dans le *Préambule* de la Constitution.

1959 : Loi Debré accordant des subventions aux écoles privées sous contrat.

1989 : Incidents dits « du foulard islamique » suivis des avis des 27/11/1989 et 2/11/1992 du Conseil d'Etat privilégiant une solution au cas par cas.

Le foulard islamique

La loi du 15 mars 2004 en application du principe de laïcité, interdit expressément le port « dans les écoles, les collèges et les lycées publics, […] de signes ou tenues par lesquels les élèves manifestent ostensiblement une appartenance religieuse ». En octobre 1989, l'expulsion, à Creil, d'une collégienne en raison du port en classe du foulard islamique a suscité un vaste débat. Le Conseil d'Etat a rendu deux avis les 27/11/1989 et 2/11/1992 et privilégié une solution au cas par cas. Le Conseil d'Etat considère que le principe de laïcité suppose le respect du principe de neutralité par les enseignements et les enseignants, comme de la liberté de conscience des élèves. Cependant, il ne faut pas que le port d'un symbole porte atteinte au pluralisme, à la liberté d'autrui, à l'exercice de l'enseignement et à l'assiduité : seul l'insigne trop ostentatoire ou revendicatif, qui nuirait à l'apprentissage de l'élève ou qui troublerait l'ordre public, n'est pas autorisé. De même, plusieurs principes permettent de résoudre des problèmes pratiques : les enseignants ne doivent porter aucun signe distinctif, philosophique, politique ou religieux ; les manuels sont tenus à la neutralité ; les règles alimentaires des minorités sont respectées quand c'est possible, et si cela ne trouble pas l'établissement. Les chefs d'établissement doivent ainsi en permanence négocier des solutions avec enseignants, élèves et familles. La conciliation de la laïcité avec les autres libertés et les évolutions religieuses reste donc une affaire de mesure, en constante évolution.

Quelques réflexions récentes sur la laïcité

Qu'en est-il des autres religions en France ?

L'Islam, deuxième religion française en termes quantitatifs, n'a pas de statut juridique en France ; de plus, les clivages doctrinaux et idéologiques, l'absence de clergé hiérarchisé et le fait que de nombreux musulmans ont la nationalité d'un autre Etat rendent très difficile l'organisation de la religion musulmane en France. Elle se développe souvent de manière spontanée, du fait que l'Islam manque de lieux de culte par exemple. Les mêmes problèmes se posent à d'autres religions comme le bouddhisme. La laïcité doit ici composer avec la nécessité de faire une place à de nouvelles sensibilités qui trouvent un écho important en France.

Les sectes en France

Le sujet des sectes fait couler beaucoup d'encre en France. Leur existence et leur développement posent la question de la séparation entre les phénomènes religieux et sectaires. La liberté religieuse étant un des fondements de la République française, elle permet une pratique libre des cultes religieux mais ne doit pas autoriser des escroqueries ni violer la liberté des personnes.

5 Le paysage politique français

Le paysage politique français ayant changé ces dernières années, nous vous présentons, par ordre alphabétique, une liste des principaux partis et syndicats actuels.

Les partis politiques

CPNT (Chasse Pêche Nature Traditions)
Ce parti corporatiste a été créé en 1989. Il a pour but de lutter pour la défense des valeurs de la ruralité et des intérêts ruraux ainsi que pour la valorisation des activités traditionnelles ou culturelles. (Chasse et pêche principalement).
Actuel Président : Jean Saint-Josse.
Portrait du président : Agé de 57 ans, Jean Saint-Josse, député européen depuis 1999 et président du CPNT depuis 1998 a été candidat aux dernières élections présidentielles. Ceci au moment où le mécontentement des chasseurs s'amplifiait face à la décision du gouvernement d'interdire la chasse de nombreuses espèces. Cet homme au franc-parler légendaire qui a adhéré au RPR avait créé la surprise en 1999, lors des élections européennes, en recueillant 6,77 % des suffrages !
▶ http://www.cpnt.asso.fr

FN (Front National)
Ce parti a été fondé en 1972. Il s'agit d'un parti d'extrême droite ayant pour objectif politique la puissance du pays. Il dénonce l'insécurité et, rendant les immigrés responsables de la plupart des problèmes, défend l'idée d'une France favorisant avant tout les Français « de souche ».
Actuel Président : Jean-Marie Le Pen.
D'origine modeste, J. M. Le Pen a une formation d'avocat. C'est un ancien combattant des guerres d'Indochine et d'Algérie. En 1984 et 1999, il a été élu député au Parlement Européen. Néanmoins, il a été privé de son siège de parlementaire en 2003 par la décision de la Cour européenne de Justice, suite à une condamnation pour agression en 1998. En 1992 et 1998, il est élu au Conseil régional de Provence-Alpes-Côte-d'Azur. Il rencontre le plus de succès dans l'Est et le Sud-Est de la France, où le développement économique est le plus faible et où existent de nombreuses tensions sociales, en partie liées aux communautés d'origine maghrébine et Pieds Noirs.

Le Pen s'est présenté aux élections présidentielles de 1974, 1998, 1995 et 2002, en professant des idées nationalistes, considérées par ses adversaires comme xénophobes et extrémistes, pour la relance de la démographie par la natalité, contre la politique d'immigration, contre le fédéralisme européen et ce qu'il appelle *la toute-puissance de l'Administration*. Lors de l'élection présidentielle de 2002, Jean-Marie Le Pen a obtenu 16,86 % des voix. Cela lui a permis, en raison notamment des mauvais résultats du candidat socialiste Lionel Jospin, de participer au deuxième tour contre Jacques Chirac qu'il a perdu avec 17,94 % des voix contre 82,06 %, à la suite d'une forte mobilisation des Français. Cette élection a constitué un événement majeur dans la vie politique française, car c'était la première fois qu'un candidat d'extrême droite (ou de *droite nationale*) passait le cap du premier tour à la présidentielle.

▶ http://www.frontnational.com/accueil.php

LCR (Ligue Communiste Révolutionnaire)
La création de ce parti remonte à 1974. C'est un mouvement altermondialiste qui est contre le capitalisme et se bat contre toutes les formes d'oppression. Actuels porte-paroles : Olivier Besancenot, Alain Krivine, Roseline Vachetta. Connu du grand public, Alain Krivine, 62 ans, est l'éternel porte-parole de la Ligue et député européen. Depuis la présidentielle de 2002, la Ligue a gagné deux atouts inédits pour elle : un porte-parole populaire dans la personne d'Olivier Besancenot et des scores électoraux qui ne sont plus ridicules. Olivier Besancenot est entré dans les Jeunesses communistes révolutionnaires comme lycéen et s'est engagé contre la guerre du Golfe en 1990. Il a fait des études d'histoire et travaille actuellement comme facteur. Alors étudiant, il était l'un des animateurs des grèves durant le grand mouvement social de décembre 1995 et était actif au bureau national des JCR de 1993 à 1997. Elu à la direction nationale de la Ligue communiste révolutionnaire en 1996 puis au bureau politique en 1999, il a suivi tout particulièrement les mobilisations contre la mondialisation capitaliste à Seattle, Millau, Nice ou Gênes et dernièrement à Porto Alegre. Son but est de « proposer une politique pour remettre ce monde à l'endroit » avec notamment comme priorités : augmentation générale des salaires, interdiction pour les entreprises qui font des bénéfices de licencier, taxation des profits et des capitaux spéculatifs.

▶ http://www.lcr-rouge.org

LO (Lutte Ouvrière)
Le parti lutte ouvrière sous sa forme actuelle existe depuis 1968.
Ce mouvement est fondé sur le marxisme révolutionnaire ou communiste. Il lutte contre le conformisme idéologique et social et défend le matérialisme face aux religions.
Actuel porte-parole : Arlette Laguiller.
Arlette Laguiller est à la tête d'un parti au fonctionnement plutôt opaque. C'est un personnage avec une « aura » médiatique qui a conduit LO à des résultats électoraux significatifs. Elle s'est présentée en 1974 pour la première fois à l'élection présidentielle, puis en 1981, 1988, 1995 et en 2002. Elle est députée européenne et ses luttes politiques actuelles sont dirigées contre les mécanismes capitalistes et la loi du marché et pour l'augmentation des salaires et des minima sociaux. Aujourd'hui, après 40 années de travail, elle est en pré-retraite et conseillère régionale de l'Ile-de-France.
▶ http://www.lutte-ouvriere.org

MNR (Mouvement national républicain)
Ce parti regroupe plusieurs courants d'extrême droite. Tout d'abord FN-MN, créé en janvier 1999 suite à une scission du Front National, le MNR est né au mois d'octobre 1999.
Actuel Président : Bruno Mégret.
Fils de haut fonctionnaire, Bruno Mégret est polytechnicien de formation. A la fin des années 70, il a adhéré au RPR, puis rejoint le Front National en 1985. En janvier 1989, il est devenu député européen. En 1998, Bruno Mégret s'est vu retirer ses fonctions de « numéro deux » du Front national par Jean-Marie Le Pen. Il a donc quitté ce mouvement d'extrême droite pour créer le sien, le Mouvement National Républicain (MNR) dont les idées sont parallèles à celles du Front national. S'il n'a pas le talent de tribun de Jean-Marie Le Pen, président du Front national, l'ancien délégué général a montré, à plusieurs reprises, qu'il savait faire preuve de patience. Sa récente candidature à la présidentielle pourrait bien faire un peu de tort à son mentor en politique.
▶ http://www.m-n-r.net

MPF (Mouvement pour la France)
Famille politique : souverainisme libéral.
Le MPF a été créé en 1994. En 1999, le mouvement a participé à la création du Rassemblement pour la France (RPF) et l'a quitté en 2000.
Actuel Président : Philippe de Villiers.
Il a une maîtrise de droit et un diplôme de l'Institut d'études politiques de Paris. Ancien élève de l'ENA, il a été administrateur civil au ministère de l'intérieur, Directeur de cabinet du préfet de la Rochelle (1978) et Sous-préfet de Vendôme (1979). Il est également Président du conseil général de Vendée (depuis 1988), a été Député à l'Assemblée nationale (1987–1994 et 1997–2004) et Secrétaire d'Etat auprès du ministre de la culture et de la communication (1986–1987). Député au Parlement européen (1994–1997 et de juillet à décembre 1999), il a écrit un livre sur les abeilles, condamnant l'utilisation massive des insecticides qui menacent ces insectes. Le livre s'intitule : « Si l'abeille venait à disparaître, l'homme n'aurait plus que quelques années à vivre ».
▶ http://www.mpf-villiers.com

MRC (Mouvement Républicain et Citoyen)
Ce parti a été créé en 1966. Il est issu du CERES (Centre d'Etudes, de Recherches et d'Education Socialistes, qui est devenu le MRC en 2003.
Actuel Président : Jean-Pierre Chevènement (ancien ministre d'Etat, de l'éducation nationale, de la défense et de l'intérieur).
Ce parti est républicaniste, il rassemble des citoyens qui veulent œuvrer à l'accomplissement de la République.
Plusieurs fois ministre sous différents gouvernements de gauche, Jean-Pierre Chevènement détient le record en matière de démissions : il a claqué la porte de gouvernements en 1983, 1991 et 2000. Celui que l'on surnomme le « Che » n'a jamais manqué une occasion de se démarquer. Ce fut notamment le cas lors du tournent de la rigueur en 1983 où il lança cette phrase légendaire : « Un ministre, ça ferme sa gueule ou ça démissionne ». L'été 2000, il décide à nouveau de quitter son poste de ministre étant en désaccord profond avec Lionel Jospin sur le dossier corse. En 1998, alors qu'il occupe le poste de ministre de l'Intérieur, le « Che » est victime d'un grave accident d'anesthésie qui l'éloignera du gouvernement pendant quatre mois. A sa sortie d'hôpital, il se qualifie lui-même de « miraculé de la République ».
▶ http://mrc-france.org

PCF (Parti communiste français)
Ce parti a été créé en 1920 comme section française de l'Internationale Communiste. Le PCF veut, à long terme, créer une révolution sociale en accord avec la société.
Actuelle secrétaire nationale : Marie-George Buffet (Ancien ministre de la jeunesse et des sports).
Marie-George Buffet a adhéré au Parti communiste français en 1969. Licenciée en histoire-géographie, elle a été employée à la mairie, puis adjointe. Au Parti communiste, elle a gravi tous les échelons et, en 1987, est entrée au Comité national, puis en 1994 au Bureau national où elle s'est ralliée à Robert Hue qui succédait à Georges Marchais. Durant cette période elle était rédactrice en chef des *Cahiers du Communisme*. En 1997, elle est entrée au Secrétariat national du parti. Lors de la victoire de la gauche plurielle, elle est devenue députée et a été nommée ministre de la Jeunesse et des Sports. Elle s'y est fait remarquer pour son action contre le dopage. En 2001, alors que Robert Hue prenait la présidence du parti, nouvellement créé, elle est devenue secrétaire nationale. Elle a été élue députée en juin 2002 pour la XIIe législature (2002–2007) dans la 4e circonscription de Seine-Saint-Denis. Elle a alors quitté son poste de ministre et est devenue le numéro un du parti après le départ de Robert Hue. En 2003, elle était tête de liste du Parti communiste aux élections régionales en Ile-de-France,
Militante féministe, elle a participé aux diverses actions de la CADAC (Coordination des Associations pour le Droit à l'Avortement et à la Contraception) et aux Assises des droits des femmes.
▶ http://www.pcf.fr/accueil.php

PRG (Parti Radical de Gauche)
Ce parti est né en 1998. C'est un parti radical, c'est-à-dire partisan de réformes « radicales » allant dans le sens de la démocratie et de la laïcité. Il est situé au centre gauche.
Actuel Président : Jean-Michel Baylet.
Jean-Michel Baylet est sénateur (de 1986 à 1988 et depuis 1995) mais également président-directeur général du Groupe La Dépêche du Midi (depuis 1995). Il a aussi été ministre à plusieurs reprises.
▶ http://www.planeteradicale.org/asp/index.asp

PS (Parti Socialiste)
Ce parti a été créé en 1905 sous le nom de SFIO (Section Française de l'Internationale Ouvrière). En 1969, il est devenu le Parti Socialiste. Il s'agit d'un parti social démocratique qui met le réformisme au service des espérances révolutionnaires. « Le parti socialiste est donc favorable à une société d'économie mixte qui, sans méconnaître les règles du marché, fournisse à la puissance publique et aux acteurs sociaux, les moyens de réaliser des objectifs conformes à l'intérêt général. » (Extrait de la déclaration de principe du parti socialiste).
Premier Secrétaire actuel : François Hollande.
Pendant ses études de droit, François Hollande était à la tête de Union nationale des étudiants de France. Il a fait HEC et est entré en 1974 au comité de soutien de François Mitterrand. Il a ensuite poursuivi ses études à l'ENA, puis est devenu auditeur à la Cour des Comptes. Entré au Parti Socialiste en 1979, il est devenu conseiller de François Mitterrand et chargé de mission à l'Elysée en 1981. Obtenant le poste de directeur de cabinet sous le gouvernement de Pierre Mauroy, il ne s'est pour autant jamais détaché de la Corrèze où il a multiplié les mandats locaux. (Conseiller municipal, adjoint au maire, maire ...) Devenu secrétaire national du parti socialiste en 1994, il a soutenu la campagne présidentielle de Lionel Jospin. François Hollande occupe le poste de premier secrétaire du Parti socialiste depuis 1997. Il est le seul dirigeant de la gauche depuis que Lionel Jospin s'est retiré de la vie politique en 2002.
▶ http://www.parti-socialiste.fr

PT (Parti des travailleurs).
Ce mouvement existe depuis 1991. Il repose sur quatre courants : communiste, anarcho-syndicaliste, trotskiste et socialiste. Il combat pour le respect des droits fondamentaux et des libertés démocratiques individuelles et collectives.
Actuel secrétaire national : Daniel Gluckstein.
A 48 ans, cet ancien professeur d'histoire, issu de la Ligue communiste révolutionnaire (LCR), est depuis onze ans le secrétaire national du Parti des travailleurs. En 1994, aux élections européennes, il était à la tête d'une liste pour l'Europe des travailleurs et de la démocratie qui n'a recueilli que 0,43 % des suffrages.
Ses thèmes de prédilection sont la défense des organisations syndicales, les services publics, la retraite et la Sécurité sociale.
▶ http://www.parti-des-travailleurs.org/index.php

RIF (Rassemblement pour la France et l'Indépendance de l'Europe, ex-RPF)
Ce parti a été créé en 2003. Il a été formé par des réfractaires du RPR et du MPF. Il défend des idées souverainistes héritées du gaullisme.
Actuel Président : Charles Pasqua.
Longtemps membre des partis gaullistes s'étant succédés depuis la Seconde Guerre mondiale et, à ce titre, ministre de l'Intérieur dans le second gouvernement dirigé par Jacques Chirac puis dans le gouvernement dirigé par Edouard Balladur, il a pris le parti de ce dernier lors de l'élection présidentielle de 1995. En 1991, il a créé son propre mouvement : Demain la France. En 1992, il a préconisé le vote « non » au référendum de Maastricht en compagnie de Philippe Séguin. En 1995, ministre de l'Intérieur, il a soutenu Edouard Balladur contre Jacques Chirac. Il a fait liste commune avec Philippe de Villiers lors des élections européennes de 1999, parvenant à obtenir un score supérieur à celui de la liste RPR menée par Nicolas Sarkozy (plus de 12 % des voix). Ils fondent ensuite ensemble le Rassemblement pour la France (RPF, *à ne pas confondre avec le Rassemblement du peuple français, premier parti gaulliste créé par les amis du général de Gaulle*). Mais la mésentente avec Philippe de Villiers s'installa peu après leur succès de 1999. Charles Pasqua a été ou est actuellement l'objet de plusieurs informations judiciaires pour divers faits survenus durant sa carrière politique ou ministérielle. Il a été élu sénateur en septembre 2004, ce qui lui confère une immunité parlementaire.
▶ http://www.rpf-ie.org

UDF (Union pour la Démocratie Française)
Actuel Président : François Bayrou.
François Bayrou n'a pas suivi le parcours classique des hommes politiques du centre. Il est très fier de ses origines paysannes et est très attaché à sa région natale, le Béarn. On dit de lui qu'il a une ambition démesurée. Il est agrégé de lettres classiques et s'est vraiment battu pour arriver à grimper dans les échelons du pouvoir. De 1993 à 1997, il a occupé le poste de ministre de l'Education nationale, a pris la présidence du CDS en 1994 puis de l'UDF quelques années après. En 1999, il a conduit une liste aux élections européennes qui a recueilli 9,28 % des suffrages, contre 3,5 % pour la liste RPR-DL.
▶ http://www.udf.org

UMP (Union pour la Majorité Présidentielle)
Il s'agit d'un parti d'inspiration néo-gaulliste, démocratico-chrétienne, libérale et radicale. Ce parti a été fondé en 2002. Le but de sa création était la création d'un parti unique, rassemblant le RPR (Rassemblement pour la République), les Chiraquiens du parti DL (Démocratie Libérale) et l'UDF (Nouvelle Union pour la Démocratie française). On voulait, avec ce parti unique, soutenir l'action du Président de la République à venir et créer un nouveau courant politique.
Actuel Président : Nicolas Sarkozy.
Le parcours de Nicolas Sarkozy a commencé très jeune. En 1977, à l'âge de 21 ans, il est devenu délégué national des jeunes du RPR. Il a obtenu une maîtrise en droit en 1978, un certificat d'aptitude à la profession d'avocat, un DEA en sciences politiques et un diplôme de l'IEP de Paris. Sa carrière est marquée par une ascension rapide. Devenu avocat au barreau de Paris, il a été également maire de Neuilly-sur-Seine à 28 ans, député à 34 ans et ministre à 38 ans. En 2002, il a été nommé ministre de l'Intérieur par Jean Pierre Raffarin. Il s'est engagé dans de nombreux domaines : l'insécurité, l'immigration clandestine, a milité pour l'intégration des jeunes d'origine étrangère. Il est aujourd'hui à la tête de l'UMP et est un candidat très probable aux prochaines élections présidentielles (2007).
▶ http://www.u-m-p.org/site/index.php

Les Verts
Le parti des Verts a été créé en 1984. Il s'agit d'un parti luttant pour la défense de l'environnement. Il a pour but de chercher des solutions pour vivre tout en respectant la nature : comme par exemple la lutte contre la pollution ou le respect de l'environnement.
Actuel secrétaire national : Yann Wehrling.
Yann Wehrling est né en 1971 à Strasbourg. Après la fin de ses études d'arts plastiques en 1994, il a travaillé comme illustrateur dans l'édition et pour les chaînes de télévision franco-allemande Arte et irlandaise TnaG. Puis il est devenu porte parole des Verts. En janvier 2005, il a été élu « secrétaire national des Verts » avec 62 % des voix. Il appartient à l'aile environnementaliste du parti. Il travaille au groupe des Verts au parlement européen.
▶ http://lesverts.fr

Dans les partis de gauche et d'extrême gauche, on ne trouve pas de président mais seulement des porte-parole et des secrétaires. Ce facteur s'explique par la volonté de ces mouvements de lutter contre toute forme d'inégalité.

Les syndicats français

La France est connue pour ses nombreuses grèves et il est donc assez paradoxal de constater que seulement 8 % des Français font partie d'un syndicat. Si l'on compare avec l'Allemagne (taux de 29 %) et les Etats-Unis (13,5 %), on peut dire qu'il s'agit d'une syndicalisation véritablement faible. Pourtant le rôle des syndicats n'est pas négligeable : ils font notamment partie intégrante des négociations pour les conventions collectives (Tarifverträge), ils protègent les intérêts des salariés et restent un partenaire social important.

Voici les 5 organisations syndicales représentatives :

CGT (Confédération générale du travail). Elle a été créée en 1895 et est proche du parti communiste.
- Nombre d'adhérents : 685 000
- http://www.cgt.fr

FO (Force ouvrière) est issue d'une scission (Spaltung) de la CGT en 1948.
- Nombre d'adhérents : 1 million
- http://www.force-ouvriere.fr

CFDT (Confédération française démocratique du travail) est proche du Parti Socialiste. Elle a été fondée en 1964.
- Nombre d'adhérents : 873 000
- http://www.cfdt.fr

CGC (Confédération générale des cadres) fondée en 1948.
- Nombre d'adhérents : 140 000
- http://www.cfecgc.org

CFTC (Confédération française des travailleurs chrétiens) date de 1919.
- Nombre d'adhérents : 130 000
- http://www.cftc.fr

6 La presse en France

La presse française, appelée aussi « le quatrième pouvoir » n'est pas dans une situation très confortable. Ces dernières années, son paysage a beaucoup changé. On peut citer trois raisons à ce changement :

1. Comme de nombreux autres domaines, elle subit en quelque sorte les effets de la mondialisation. Elle est en effet dominée par quelques grands groupes industriels.
2. La situation des journalistes n'est pas des plus faciles. Ils ne sont pas tous employés par les journaux mais sont rémunérés à l'article.
3. Il faut aussi mentionner que le nombre des journaux gratuits se développe (ex. : Métro ou 20 Minutes). Ceux-ci se financent par les annonces publicitaires qu'ils publient.

On peut constater que l'on est loin de « l'indépendance de la presse ».

Il est donc devenu difficile de bien s'informer. D'une part le public lit de moins en moins les journaux quotidiens, aussi bien nationaux que régionaux, d'autre part, les sources d'informations sont innombrables malgré le nombre réduit d'entreprises de presse.
En ce qui concerne les revues hebdomadaires ou mensuelles par contre, on ne constate aucune baisse du nombre des lecteurs.

7 La téléréalité

La télévision française se répartit en deux domaines : le service public et les chaînes privées :

- les chaînes du service public sont France 2, France 3 et Arte.
- les chaînes privées TF1, Canal+, les chaînes du câble et M6.

Le nombre des téléspectateurs est loin d'être en baisse. Les JT (journaux télévisés) ont de plus en plus de succès de même que les documentaires.

La France, pays de l'exception culturelle (voir p. 94) a longtemps résisté au « phénomène Big Brother ». L'émission avait débuté en Hollande en 1999. A la fin de l'année 2000, les dirigeants des chaînes TF1 et M6, les deux plus grandes chaînes privées françaises, avaient passé un accord tacite pour bloquer l'introduction de Big Brother en France. Mais M6 a trahi cet accord et l'émission Loft Story (au principe identique à celui de Big Brother) a été lancée en 2001. A cette époque, la presse et les intellectuels étaient tous d'accord pour dire que le projet ne marcherait jamais en France. Mais, contre toute attente, l'émission est devenue extrêmement populaire. A tel point que finalement plus personne ne protestait vraiment. Personne sauf … Ségolène Royale, à l'époque ministre déléguée à la famille et à l'enfance, qui fit la déclaration suivante : « Les dernières digues ont cédé. Le Loft a joué le rôle de catalyseur. Aujourd'hui, ce n'est plus l'intelligence que l'on sollicite, c'est l'émotion fabriquée ».

Après la perte de vitesse du succès de l'émission en Europe, la Loft Story a battu tous les records en France. Alors TF1 a lancé sa contre-attaque : Star Academy. Mais les chaînes privées ne se sont pas arrêtées là. Voici quelques exemples d'émissions qui ont suivi :

1. Un concept qui ne paraît pas inintéressant au premier abord :
   3 jeunes venant de quartiers chics parisiens se partagent un camping-car avec trois jeunes beurs vivant dans des HLM de banlieue un week-end durant. Ceci dans le but de faire tomber les préjugés.
2. Les Colocs (colocataires, voir p. 146), pas très passionnant :
   7 filles et 7 garçons vivent en colocation. Il y a une maison pour les filles et une maison pour les garçons.

A l'heure actuelle, une quantité incroyable d'émissions de téléréalité sont apparues sur les chaînes françaises : il s'agit de concepts voulant « guider » les téléspectateurs. « Super Nanny » est censée donner des conseils d'éducation aux parents, « C'est du propre » explique comment faire un ménage parfait ; dans l'émission « les Queers », on relooke (voir p. 155) les gens de la tête aux pieds.

8 La violence dans les écoles

Le phénomène de la violence à l'école est à mettre en parallèle avec la violence de la société en général et dans les banlieues défavorisées en particulier. Dans ces banlieues, le corps enseignant n'inspire pas le respect mais il incarne le monde extérieur dont les jeunes se sentent méprisés et exclus. Des élèves de plus en plus jeunes cherchent donc à se faire une « bonne réputation » dans leur quartier en provoquant les professeurs. Ceux-ci se sentent souvent désarmés face aux problèmes de la ghettoïsation, de la précarité sociale, de la démission des parents face aux échecs scolaires. Durant l'hiver 2005/2006, des agressions massives ont eu lieu sur des professeurs. Le gouvernement français a réagi en faisant référence à un des principes républicains qui est le respect des règles ainsi qu'aux conséquences qui résultent du non-respect, à savoir les sanctions. On veut donc remédier aux problèmes en intensifiant les contrôles à l'entrée et à l'intérieur de l'école par exemple. On prévoit de travailler étroitement avec la justice pour qu'en cas de violences, des sanctions soient rapidement appliquées. Pour cela, une demande explicite est faite aux enseignants : ils doivent porter plainte rapidement s'ils sont confrontés à des menaces, rien ne doit être passé sous silence.

9 Les violences urbaines

Les problèmes d'échec de l'intégration dans les banlieues existent depuis fort longtemps. Mais la date du 27 octobre 2005 est décisive car elle a vu se déclencher une sorte de *guérilla* dans les banlieues. Le point de départ à l'époque était le décès par électrocution de deux adolescents qui, voulant échapper à un contrôle de police, s'étaient introduits dans un transformateur de l'EDF. C'est alors qu'ont suivi de nombreuses émeutes en premier lieu à Clichy-sous-Bois, cité habitée par une population multiethnique très jeune et extrêmement touchée par le chômage (taux d'environ 40 %). Lors des émeutes, de nombreuses cités ont été mises à feu et à sang. Il s'agissait d'une *guerre* déclarée à la République française par les jeunes beurs et blacks, ne se sentant pas du tout intégrés dans la société française. On a alors parlé d'échec du « système d'intégration français ». Le fameux symbole de la « France blanc-black-beur » dont on était si fier après la victoire du

mondial en 1998 se révélait n'avoir été qu'une illusion. Malgré le fait que les enfants de la troisième génération possèdent une carte d'identité française, la plupart d'entre eux ne se sentent pas acceptés en tant que Français.
Depuis des années, on assiste en effet dans les banlieues au développement d'une économie parallèle en grande partie aux mains de la mafia locale et basée sur le trafic de la drogue et la criminalité. La violence y est omniprésente. Mais elle a atteint un tel niveau en automne 2005 que le Premier ministre a déclaré l'état d'urgence.
La situation était telle à ce moment-là que des voitures, des bus, des écoles ou d'autres bâtiments étaient mis à feu bien qu'appartenant parfois aux propres voisins des émeutiers, tout aussi pauvres qu'eux. On a alors assisté à un mouvement de solidarité contre les émeutes à l'intérieur même des cités. Des gens se constituaient en « brigades de dissuasion » et descendaient dans la rue le soir pour essayer de ramener le calme en établissant un dialogue avec les émeutiers.

4 La francophonie et ses aspects actuels

Après un bref rappel de la notion de francophonie et de ces aspects généraux, nous avons abordé quelques sujets actuels du monde francophone. Puis vous trouverez différentes activités : préparer une journée de la francophonie, des jeux de société, des recettes, organisation d'échanges et de rencontres.

1 Rappel de la définition de la francophonie

C'est le géographe français, Onésime Reclus, qui est le premier, en 1880, à utiliser le terme de « francophonie » pour décrire l'ensemble des personnes et des pays qui se servent du français à des niveaux divers. Quand on parle aujourd'hui de *francophonie*, on a affaire à deux réalités différentes. Il y a d'une part la **francophonie** (écrit avec une minuscule) : il s'agit là de l'ensemble des personnes qui parlent uniquement ou en partie le français dans leur vie quotidienne ou leurs échanges. Et d'autre part la **Francophonie** (écrit avec une majuscule), terme qui désigne quant à lui l'ensemble des gouvernements, pays ou instances officielles qui ont en commun l'usage du français comme langue de travail et de communication.
On peut distinguer deux catégories :

1. Les Etats et pays où la langue officielle est le français. C'est le cas de 51 Etats et 34 pays. Le français se place ainsi au deuxième rang mondial au point de vue de l'importance politique. Dans ces pays, le français est enseigné comme deuxième langue (on recense plus de 145 millions de personnes scolarisées en français au niveau mondial).

2. Les pays où le français est langue maternelle comme c'est le cas en France, au Canada, en Belgique, en Suisse et dans la Principauté de Monaco, mais aussi dans d'autres pays où les communautés francophones sont minoritaires, par exemple en Afrique (22 Etats), en Océanie, aux Antilles et aux Etats-Unis (environ 1,5 million de francophones).

2 L'Organisation Internationale de la Francophonie

Trois chefs d'Etat africains, Léopold Sédar Senghor (Sénégal), Habib Bourguiba (Tunisie), Hamani Diori (Niger), sont à l'origine du traité signé le 20 mars 1970, portant sur la création de l'Agence de coopération culturelle et technique (ACCT). Ce premier organisme intergouvernemental s'est donné pour objectif de faire connaître les cultures de chacun de ses membres ainsi que de développer entre eux les échanges à tous niveaux, autour d'une langue qui les rassemble : le français.

En 1996, l'ACCT adopte la Charte de la Francophonie et se dote ainsi d'un cadre légal pour son action. La Charte définit le rôle et les objectifs de l'ACCT, notamment agir au service de la paix, de la coopération, de la solidarité et du développement durable.

En 1998, l'ACCT devient l'Organisation Internationale de la Francophonie (OIF) qui regroupe à l'heure actuelle 53 Etats et gouvernements membres et 10 observateurs.

Sommet, Conférence ministérielle et Conseil permanent constituent les instances politiques de la Francophonie sous l'autorité desquels l'OIF est placée.

Depuis 1997, l'OIF s'est dotée d'un Secrétaire général, élu pour quatre ans par les chefs d'Etat et de gouvernement. Celui-ci a pour tâche de mener l'action politique de la Francophonie, il en est le porte-parole et le représentant officiel au niveau international. Succédant à Boutros Boutros-Ghali, Abdou Diouf, Sénégalais, a été nommé le 20 octobre 2002 par le IXe Sommet de la Francophonie (Beyrouth, Liban), Secrétaire général de la Francophonie.

3 Les Sommets de la Francophonie

On nomme Sommet, la Conférence des chefs d'Etat et de gouvernement des pays ayant le français en commun. C'est l'instance suprême de la Francophonie et il a lieu tous les deux ans dans un des pays membres.
Le chef d'Etat ou de gouvernement du pays hôte le préside jusqu'au Sommet suivant. Le Sommet statue sur l'admission de nouveaux membres de plein droit, de membres associés et de membres observateurs à l'OIF. Il définit les orientations de la Francophonie de manière à assurer son rayonnement dans le monde. Il adopte toute résolution qu'il juge nécessaire au bon fonctionnement de la Francophonie et à la réalisation de ses objectifs. Il élit enfin le Secrétaire général.
Ces Sommets existent depuis 1986 et regroupent les membres dits « de plein droit », les « régions », les « Etats associés » et les « Etats observateurs » – c'est-à-dire les pays et régions où le français est langue officielle ou co-officielle. Mais depuis le Sommet tenu à l'Île Maurice en 1993, des pays non francophones en font également partie. Ainsi la Guinée équatoriale, la Roumanie, la Bulgarie, la Pologne, l'Albanie, la Macédoine ou encore la région italienne du Val d'Aoste et la Louisiane aux Etats-Unis sont devenus membres de la Francophonie. Ces pays bénéficient du statut d'« invité spécial » prévu par l'OIF pour les collectivités territoriales issues d'Etats n'appartenant pas directement à la Francophonie, mais qui souhaitent participer à ses Sommets et à quelques-uns de ses programmes.
Dix Sommets de la Francophonie ont eu lieu depuis 1986 :

- Paris (France, 1986)
- Québec (Canada-Québec, 1987)
- Dakar (Sénégal, 1989)
- Chaillot (France, 1991)
- Grand Baie (Maurice, 1993)
- Cotonou (Bénin, 1995)
- Hanoi (Vietnam, 1997)
- Moncton (Canada-Nouveau-Brunswick, 1999)
- Beyrouth (Liban, 2002)
- Ouagadougou (Burkina Faso, 2004)

Le XIe Sommet de la Francophonie aura lieu en 2006 à Bucarest en Roumanie.

4 Les Jeux de la Francophonie

L'organisation des premiers Jeux de la Francophonie a été décidée en 1987 à l'occasion du IIe Sommet de la Francophonie à Québec. Depuis lors, ceux-ci ont lieu tous les quatre ans au cours de l'année post-olympique.
C'est la Conférence des Ministres de la Jeunesse et des Sports des pays d'expression française (CONFEJES) qui a été chargée d'en assurer la réalisation et la continuité. Les 56 Etats et gouvernements appartenant à l'espace francophone y sont conviés.
Placés sous le concept original des « Arts et Sports », les Jeux de la Francophonie se veulent avant tout être une fête de la jeunesse.
Le programme comprend six épreuves sportives et sept épreuves culturelles :

sport	**culture**
athlétisme	chanson
basketball	contes et conteurs
football	danse de création et d'inspiration traditionnelle
judo	littérature
boxe	peinture
tennis de table	photographie
	sculpture

Les premiers jeux ont eu lieu à Casablanca (Maroc) en 1989, puis à Paris (France) en 1994, à Tananarive (Madagascar) en 1997, à Ottawa (Canada) en 2001, à Niamey au Niger en 2005. Les VIIe Jeux auront lieu à Beyrouth (Liban) en 2009.

(Quelle (für die Abschnitte 1–4): www.francophonie.org)

5 Quelques aspects actuels de la francophonie

1 La Polynésie, un POM

La Polynésie, c'est 150 îles, îlots et atolls, 24 500 habitants, dispersés sur 5 millions de kilomètres carrés (dix fois la France) dans l'océan Pacifique Sud.
Ces îles vivent essentiellement de la pêche, du tourisme et des subsides du gouvernement français (un milliard d'euros par an).
La Polynésie n'est plus un territoire d'outre-mer (TOM) mais dorénavant un Pays d'outre-mer (POM). Ce nouveau statut, qui lui donne une liberté quasi complète de gérer ses affaires et renforce son autonomie, ne signifie pas pour autant qu'elle est devenue totalement indépendante.

2 L'écologie en Guadeloupe

La Guadeloupe est un modèle en matière d'écologie. Elle est pionnière en ce qui concerne les énergies renouvelables, comme l'énergie éolienne, l'énergie produite par des sources thermales ou bien de la biomasse.

- L'énergie éolienne : de nombreuses éoliennes ont été installées sur l'île de la Désirade en Guadeloupe, qui est balayée par le vent une grande partie de l'année. Avec cette énergie, on couvre 160 % de la consommation en électricité de l'île.
- On utilise aussi l'énergie produite à partir de sources thermales dont la température s'élève à 250 °C. Les sources sont situées à plus de 300 mètres de profondeur et la vapeur qui s'en dégage à la surface est donc une source énergétique.
- Enfin, la biomasse provenant de la canne à sucre et appelée bagasse est une matière première combustible.

La Guadeloupe est actuellement à même d'exporter son savoir-faire en matière d'énergie renouvelable vers les Îles des Caraïbes.

3 La Guyane et la fusée Ariane

En 1946, la Guadeloupe, la Guyane, la Martinique et la Réunion deviennent des départements français. Ces pays prennent le titre de DOM, département d'outre-mer.
Située entre le Brésil et le Surinam sur la côte Nord-Est de l'Amérique du Sud, la Guyane est, avec ses 86 504 km² de superficie, le plus grand département français. Elle est en outre le seul territoire français et de l'Union Européenne du continent sud-américain. Au XIXe siècle et au début du XXe, elle était tristement célèbre pour son bagne où ont été déportés 80 000 prisonniers condamnés aux travaux forcés (3 % seulement ont survécu) parmi les plus célèbres, Dreyfus, Papillon. De ce bagne fermé après la Seconde Guerre mondiale subsistent des bâtiments aux Iles du Salut, à Saint-Laurent du Maroni. Aujourd'hui, la Guyane est surtout connue pour le tourisme et pour accueillir la base de lancement des fusées Ariane dans la ville de Kourou, commune située à 60 km de Cayenne sur le littoral guyanais, à l'embouchure du fleuve qui porte le même nom. Le 9 avril 1968, le Centre Spatial Guyanais (C.S.G.) de Kourou est inauguré avec le lancement de la fusée-sonde « Véronique ». Le 24 décembre 1974, la première fusée Ariane est lancée. La réussite de ce lancement marque l'entrée de l'Europe dans la course aux étoiles aux côtés des Américains et des Soviétiques. Le programme européen Ariane s'orientera vers les lancements commerciaux à partir de décembre 1981. Les éléments de la fusée arrivent par bateau ou par avion de 14 pays à Cayenne (chef-lieu de la Guyane). Ils partent en camions jusqu'à Kourou. Ils sont montés dans un bâtiment d'assemblage. Ensuite, la fusée est acheminée vers le lanceur et elle est chargée d'un ou deux satellites. On a choisi le site de Kourou parce que la Guyane se trouve juste en dessous de l'Equateur et qu'il est plus facile d'envoyer quelque chose dans l'espace depuis l'Equateur.

4 Le Québec, pôle d'attraction pour de nombreux Français

Montréal

Montréal, métropole québécoise de 3,5 millions d'habitants est la deuxième ville francophone au monde après Paris. Elle suscite une certaine fascination sur de nombreux Français. On y trouve en effet des conditions fiscales et économiques très avantageuses et une très bonne qualité de vie. C'est ainsi

que chaque année, 3000 Français partent s'y établir. Les emplois se situent surtout dans le secteur tertiaire. Les infirmières sont par exemple très recherchées à Montréal. On peut citer comme particularité qu'un employé peut être licencié du jour au lendemain mais qu'il peut de la même façon quitter son emploi de son propre gré du jour au lendemain. Par contre, il est possible de retrouver du travail très facilement.
Un aspect négatif reste tout de même que l'hiver canadien peut durer cinq mois et que les températures peuvent atteindre moins 25.

L'Acadie redécouverte

L'Acadie est née lors de la colonisation de la France en Amérique du Nord aux 17e et 18e siècles. Elle a été établie en 1604 sur le sol de ce qui est connu aujourd'hui comme le Nouveau-Brunswick et la Nouvelle-Ecosse.
Cependant, après quelques premiers hivers difficiles, la France s'est concentrée sur le développement de Québec et de la Nouvelle-France.
Entre-temps, l'Acadie a continué à se développer lentement, au gré des disputes entre l'Angleterre et la France qui voulaient chacune se l'accaparer. Elle est devenue définitivement britannique dès 1713 par le Traité d'Utrecht. La population acadienne avait tout de même atteint un nombre d'habitants de 15 000 lorsque les Anglais décidèrent de les expulser de leurs terres en 1755.
Les Acadiens et Acadiennes sont toujours nombreux à habiter les provinces maritimes du Canada et à contribuer à l'épanouissement de la langue française. On y compte plus de 300 000 francophones dont plus des deux tiers habitent le Nouveau-Brunswick actuel, au Nord et le long de la côte Est. D'autres communautés se trouvent en Nouvelle-Ecosse et à l'Ile-du-Prince-Edouard. Ils sont très actifs dans tous les domaines, tant économique, social que culturel.
L'année 1979 est une date clé pour l'Acadie. Cette année-là, l'écrivaine acadienne Antonine Maillet a reçu le Prix Goncourt pour son roman « Pélagie-la-Charrette » dans lequel elle faisait revivre l'Acadie perdue. Au même moment, le chanteur cajun (terme désignant les Acadiens ayant fui en Louisiane) Zacharie Richard faisait (re)découvrir la musique des Acadiens au monde entier. Les Acadiens sont toujours très conscients de leur identité. Ils ne se sentent ni Québécois, ni Français, ni Canadiens.
L'année 1994 a aussi marqué l'histoire de l'Acadie moderne alors que s'est tenu au Nouveau-Brunswick le tout premier Congrès mondial acadien, réunissant des milliers d'Acadiens et d'Acadiennes de tous les coins de

la planète. On compte aujourd'hui un million de personnes se disant de descendance acadienne à travers le monde.
En 1999, l'Acadie a eu l'honneur d'accueillir le 8e Sommet de la Francophonie, à Moncton, au Nouveau-Brunswick.

5 La situation de la langue française en Afrique à l'exemple de la Côte d'Ivoire

Il existe en Côte d'Ivoire environ 60 langues traditionnelles. La langue française reste tout de même la langue de l'enseignement primaire, secondaire et universitaire depuis la colonisation. Mais on assiste actuellement à une revalorisation des langues traditionnelles qui avaient été quelque peu étouffées par le passé. Les habitants de la Côte d'Ivoire souhaitent garder leur langue d'origine dans certains domaines car il la considère comme une richesse. Ils veulent se libérer d'une certaine emprise du français et souhaitent que leur langue serve à transmettre leur culture et leurs traditions.

6 La Roumanie, une grande amie de la France

Environ 15 % de la population roumaine parle français et 5 % des Roumains en ont même de très bonnes connaissances. Il faut dire que les langues roumaines et françaises trouvent toutes les deux leurs racines dans le latin. Et depuis très longtemps, l'influence de la culture et de la langue françaises se fait sentir dans de nombreux domaines en Roumanie : politique, législation, administration, littérature, etc.
Même si les relations culturelles sont moins intenses qu'à l'époque où la France servait de terre d'asile à des artistes comme l'actrice Elvire Popesco, le sculpteur Constantin Brancusi ou l'écrivain Eugène Ionesco, l'enseignement du français fait, aujourd'hui encore, presque jeu égal avec l'anglais et est dispensé à environ 2,5 millions d'élèves du secondaire. De plus, depuis deux ans, en raison du XIe sommet de la Francophonie qui doit se tenir à Bucarest à l'automne 2006, un plan d'action pour la promotion du français est en cours. Ce plan est financé par la communauté francophone de Belgique, du Luxembourg et de France. Grâce à lui, 1200 fonctionnaires de ministères roumains ont pu être formés au français. D'autres actions sont aussi en préparation. Elles concernent la formation de journalistes roumains qui devront traiter des sujets liés à l'Union Européenne, dont la Roumaine doit faire partie à partir de janvier 2007.

6 Activités autour de la francophonie

Comme le 20 mars est la journée de la francophonie, nous vous proposons quelques idées pour préparer une fête avec vos élèves à cette occasion. Les activités proposées peuvent naturellement être utilisées à un autre moment de l'année :

Objectif : intéresser les élèves aux différents aspects de la francophonie tout en donnant un caractère ludique à leur travail.

Matériel : connexion Internet, différentes revues, livres, atlas, dictionnaires, enregistrements d'émissions de télévision.

A Jeux de société

Il est possible de faire préparer des jeux de société aux élèves.

1 Jeu de l'oie

Pour aborder le thème de la francophonie, on peut jouer à une sorte de jeu de l'oie, en s'inspirant par exemple du jeu « le voyageur francophone », que l'on peut trouver dans le livre Pont Neuf Entrée de Klett. Ce jeu, pour lequel on utilise une carte du monde, permet de faire ses « premiers pas » dans le monde de la francophonie. Avec un pion, on déambule en effet à travers les pays francophones. Les élèves savent-ils que l'on parle le français dans tel et tel pays à l'autre bout du monde ?

2 Jeu des sept familles

On peut d'autre part créer un jeu des sept familles (l'équivalent du quartet allemand) sur le thème de la francophonie. Pour cela, on divise la classe en deux : chaque groupe prépare le jeu avec lequel l'autre groupe jouera. Chaque groupe doit choisir sept pays dans la liste suivante (les deux groupes devant avoir des pays différents) :
La Belgique, le Bénin, le Cambodge, la Côte d'Ivoire, Djibouti, le Gabon, l'Ile Maurice, le Liban, Madagascar, le Mali, la Martinique, le Maroc, la Nouvelle Calédonie, le Québec, la Roumanie, le Rwanda, le Sénégal, la Suisse, la Tunisie, le Vietnam.

Ensuite, chaque groupe rédige cinq fiches concernant les sept pays choisis :

- La géographie (villes, capitale, démographie ...)
- Les langues, ethnies et religions
- La politique (année de la création, drapeau, statut, président ...)
- Les productions (quels produits, quelles quantités ...)
- Les personnages célèbres (auteurs, chanteurs, hommes politiques ...)

(Ce jeu des sept familles ainsi que la création du livre d'or suivant sont deux idées développées d'après un article de la revue *Le français dans le monde*, n° 32.)

B Echanges

1 Livre d'or

Si votre établissement est jumelé avec un établissement d'un pays francophone, vous pouvez préparer un « livre d'or », regroupant des photos, de la documentation sur votre ville, des dessins, des poèmes, etc. et procéder à un échange.

2 Site Internet

Il est d'autre part possible de réaliser un site Internet dans lequel on présentera son école et sa ville en français. Si l'on dispose du matériel nécessaire et si l'on peut coopérer avec des collègues d'informatique, on pourra y insérer des enregistrements et des petits films dans lesquels les élèves mettront leur créativité en valeur (interviews, chansons, petites histoires ou blagues, bruits typiques de leur ville).

3 Rencontres avec des ressortissants

Il est parfois possible d'organiser des rencontres avec des ressortissants de pays francophones vivant dans votre ville ou votre région. On peut laisser les élèves s'adresser aux ambassades, aux consulats ou à d'autres réseaux locaux connus par les enseignants (églises, centres culturels ...) pour prendre contact avec des membres de pays francophones autres que la France.
Ces ressortissants peuvent alors être invités à venir animer des ateliers dans les classes (ateliers de jeux, de danse, de chants). Les élèves pourront préparer des questions à poser selon leurs centres d'intérêts. Si les visiteurs peuvent apporter des objets typiques de leur pays, des photos, voire même de petits films, la rencontre sera encore plus passionnante pour les élèves.

C Cuisine francophone

Le jambon de Noël (recette martiniquaise)

Ingrédients :
1 tranche de jambon
de 5 à 10 cm d'épaisseur,
ananas frais ou en boîte,
épices (clou de girofle,
gingembre, poivre).

Préparation :
Faire réduire le jus de l'ananas additionné de sucre. Y ajouter les épices. On obtient un caramel dont on recouvre la tranche de jambon. Mettre le jambon caramélisé au four 30 minutes environ. Ajouter les morceaux d'ananas en fin de cuisson.

Galettes au sirop des chantiers (recette québécoise)

Ingrédients :
60 ml de beurre,
250 ml de sirop d'érable,
125 à 200 ml de farine,
1 pincée de sel.

Préparation :
Faire fondre le beurre dans le sirop d'érable chaud, incorporer hors du feu la farine et le sel. Graisser une poêle et laisser tomber le mélange par cuillerées, cuire à feu moyen 10 minutes en retournant la crêpe au bout de 5 minutes. Servir tiède ou froid avec de la glace à la vanille et/ou de la crème chantilly.

Le pain de poisson (recette créole)

Ingrédients :
600 g de poissons (thon, saumon, sole),
1 bouquet garni (oignon, thym, persil, feuilles de laurier),
1 carotte,
1 gros oignon,
3 œufs,
50 g de beurre,
1 cuillerée à soupe de purée de tomate,
100 g de fromage râpé, 20 cl de lait,
45 g farine,
sel, poivre, chapelure.

Préparation :
Faites pocher le poisson dans de l'eau bouillante pendant 20 minutes avec un petit bouquet garni, une carotte et un oignon émincés, du sel et du poivre en grains.
Après quinze minutes de cuisson, égouttez le poisson, enlevez la peau et les arêtes. Préparez 1/2 litre de sauce en chauffant 50 g de beurre ou margarine et en y délayant la farine, mouillez avec moitié lait, moitié bouillon (environ 40 cl de liquide). Ecrasez le poisson et mélangez-y la sauce, les œufs battus, le fromage râpé, une cuillerée de purée de tomate, sel et poivre.
Versez la préparation dans un moule rectangulaire bien graissé et saupoudré de chapelure ; faites cuire environ 30 à 40 minutes à four moyen. – Démoulez.

Tartelettes tatin à l'ananas (recette créole)

Ingrédients :
230 grammes de pâte feuilletée,
1 ananas,
100 grammes de sucre en morceaux,
50 grammes de beurre salé,
1/2 cuillerée à café de poivre de Séchuan,
4 moules anti-adhésifs de 12 cm de diamètre.

Préparation :
A l'aide d'un bon couteau, pelez et découpez l'ananas en tranches d'environ 5 mm d'épaisseur. Découpez 4 disques de pâte feuilletée à la taille des moules. Faites fondre doucement le sucre dans une casserole. Lorsqu'il caramélise et prend une belle couleur dorée, ôtez-le du feu et dispersez-y les grains de poivre de Séchuan préalablement concassés. Laissez-le refroidir quelques minutes, puis ajoutez le beurre salé. Mélangez pour obtenir une pâte. Répartissez le caramel ou beurre salé dans le fond des moules. Déposez ensuite sur le caramel les tranches d'ananas que vous superposerez, puis couvrez de pâte feuilletée. Préchauffez le four th. 7/210° et faites cuire les tartelettes 15 à 20 min. Laissez-les tiédir un peu avant de les démouler sur de jolies assiettes. Servez-les aussitôt. Variante : Préparez vos tartelettes quelques heures à l'avance. Mettez-les au réfrigérateur et faites-les cuire juste avant de les servir.

D Activité à réaliser pendant la période de l'Avent

On divise la classe en deux groupes. Un groupe reçoit le texte sur le Sénégal et l'autre celui sur le Québec. Puis on engage une discussion sur les différentes façons de fêter Noël en France et dans les pays francophones.

1 Textes à compléter

Noël au Sénégal

Complétez le texte avec les mots suivants :
Jésus, 6 janvier, artificiels, colonisation, chocolat chaud, le Nouvel An, catholique, sapins, guirlandes, cadeaux, Père Noël, indépendant, messe de minuit.

On fête Noël au Sénégal depuis l'époque de la ______ . Le Sénégal est ______ depuis 1960, mais la tradition est restée bien que seulement environ 6 % de la population soit ______ . Dans les foyers, on trouve alors des ______ – véritables ou ______ – décorés avec des boules et des ______ . Les crèches ne sont présentes que dans les églises. Marie, Joseph et ______ y sont représentés avec la peau blanche et les anges avec la peau noire.

La fête commence le 24 décembre vers 18 heures. On offre des ______ aux enfants sans se dissimuler car la tradition du ______ n'existe pas. Les adultes, quant à eux, ne se font des cadeaux que pour ______ .

Puis, certaines familles se rendent à la ______ et dégustent à leur retour le traditionnel ______ . Ensuite on réveillonne : le met classique est le méchoui (mouton rôti à la broche), les saucisses ou le rôti de porc dans les familles non musulmanes. Le repas se termine par une bûche de Noël. On mange, on discute, on danse et on rit parfois jusqu'à l'aube. Les festivités durent jusqu'au 1er janvier ou souvent jusqu'au ______ .

Solutions : colonisation, indépendant, catholique, sapins, artificiels, guirlandes, Jésus, cadeaux, Père Noël, le Nouvel An, messe de minuit, chocolat chaud, 6 janvier

Noël au Québec

Complétez ce texte avec les mots suivants :
fruits de mer, minuit, violon, décembre, plats, sapin, famille, messe de minuit, crèche, jouets, l'avent, glaces, réveillon.

On ne fête pas ______________ au Québec. A partir de mi-______________ , on installe une ______________ (l'enfant Jésus n'y est placé que le 24 au soir), on décore un ______________ , on illumine les fenêtres et on place une couronne à la porte d'entrée.

La fête de Noël a lieu le 25 décembre à partir de ______________ . Traditionnellement, on va à la ______________ et on chante « il est né le divin enfant ».

La distribution des ______________ est faite par un parent qui se déguise en Père Noël. Les ______ traditionnels du réveillon sont des pâtés de viande avec du ketchup fait maison. Parfois on sert du saumon frais cuit au four et des ______________ . Et puis les desserts sont très présents : gâteaux, bûches, tartes aux fruits et ______________ . Une tradition québécoise veut qu'après le repas, on accompagne les rythmes des joueurs de ______________ (il y en a un dans chaque famille en général) en tapant avec le dos d'une cuillère sur la table. La fête dure très longtemps. On fait alors la grasse matinée le 25 décembre puis en début d'après midi, on va se promener en ______________ .

Le repas du soir commence vers 16 ou 17 heures mais il est plus calme que le ______________ .

Solutions : l'avent, décembre, crèche, sapin, minuit, messe de minuit, jouets, plats, fruits de mer, glaces, violons, famille, réveillon

2 Quiz

Francophonie

1. Léopold Sedar Senghor, premier président de la République du Sénégal et l'un des pères fondateurs de la Francophonie, était aussi :
   a) architecte b) poète c) chanteur

2. Quelle est la devise de l'Agence Intergouvernementale de la Francophonie ?
   a) égalité, complémentarité, solidarité
   b) égalité, complémentarité, humanité
   c) liberté, égalité, fraternité

3. Où et quand a eu lieu le premier Sommet de la Francophonie ?
   a) en 1950 à Niamey
   b) en 1989 à Dakar
   c) en 1986 à Paris

4. Comment s'appelle l'actuel Secrétaire général de la Francophonie ?
   a) Abdou Diouf b) Habib Bourguiba c) Boutros Boutros-Ghali

5. A quelle fréquence ont lieu les Sommets de la francophonie ?
   a) tous les ans b) tous les 2 ans c) tous les 4 ans

6. Où a été inaugurée en 1990 l'Université internationale de langue française Léopold Sédar Senghor ?
   a) à Alexandrie (Egypte)
   b) à Dakar (Sénégal)
   c) à Québec (Canada)

7. De quand date l'invention du terme « francophonie » ?
   a) 1880 b) 1845 c) 1970

8. Qui utilisa le terme « francophonie » pour la première fois ?
   a) Léopold Sédar Senghor
   b) Onésime Reclus
   c) Habib Bourguiba

9. Combien d'Etats et de gouvernements membres l'Organisation internationale de la Francophonie regroupe-t-elle ?
   a) 43 b) 53 c) 63

10. Combien de personnes parlent le français à travers le monde ?
    a) 125 millions b) 155 millions c) 175 millions

Solutions : 1b, 2a, 3c, 4a, 5b, 6a , 7a, 8b, 9c, 10c

Expressions francophones

1. Au Québec, un chien chaud, c'est :
   a) un hot dog b) un chien malade c) un dragueur

2. Au Sénégal, le poulet bicyclette, c'est :
   a) un poulet qui court beaucoup b) un poulet bio c) un poulet livré à bicyclette

3. En Côte d'Ivoire, un élève-couloir, c'est :
   a) un élève qui fait l'école buissonnière b) un élève qui n'est pas intelligent c) un élève entré au lycée par relations

4. A La Réunion, une tortue bon dieu, c'est :
   a) une femme qui marche lentement b) une coccinelle c) une personne très croyante

5. Au Sénégal, une tablette de chocolat, c'est :
   a) une jolie fille b) une route en mauvais état c) un sol en briques

6. En Suisse, poutser la maison, c'est :
   a) nettoyer la maison b) rénover la maison c) détruire la maison

7. Au Québec, un char, c'est :
   a) un véhicule militaire b) un véhicule agricole c) une voiture

8. En Belgique, bisser, c'est :
   a) doubler une classe b) recommencer un devoir c) applaudir un artiste

9. Au Togo, un enfant rebelle, c'est :
   a) un enfant insolent b) un élève turbulent c) un enfant illégitime

10. En République Centre Africaine, un ziboulateur, c'est :
    a) un tire-bouchon b) un blagueur c) un psychiatre

Solutions : 1a, 2b, 3c, 4b, 5b, 6a, 7c, 8a, 9c, 10a

Quiz franco-suisse

1. Qu'est-ce qu'une bûche ?
   a) un gâteau de Noël
   b) une paille que l'on met dans un verre pour boire
   c) une branche d'arbre

2. Qu'est-ce qu'un natel ?
   a) un téléphone portable
   b) une plante verte
   c) un serpent

3. Qu'est-ce qui peut être bizingue ?
   a) un objet tordu
   b) quelque chose de bizarre
   c) une personne qui parle deux langues

4. Qu'est-ce que la bonne main ?
   a) un astrologue
   b) un pourboire
   c) la chance

5. Le glin-glin, qu'est-ce que c'est ?
   a) le petit doigt
   b) l'ennui
   c) le destin

6. Des cuissettes, qu'est-ce que c'est ?
   a) un plat régional
   b) des jambes maigres
   c) un short

7. Que sont les tâches ?
   a) un travail fatigant
   b) des devoirs d'école
   c) des saletés sur un vêtement.

8. Une musique à bouche, qu'est-ce que c'est ?
   a) un harmonica
   b) un air d'opéra
   c) une berceuse

9. Un tôt-fait, qu'est-ce que c'est ?
   a) une personne rapide
   b) une chose facile à faire
   c) un gâteau vite préparé

10. Que signifie l'expression : « C'est mal fait » ?
    a) Tu as mal travaillé
    b) Tu n'as pas de chance
    c) Tu compliques tout

Solutions : 1b, 2a, 3a, 4b, 5a, 6c, 7b, 8a, 9c, 10b

5 Le système scolaire

In diesem Kapitel möchten wir das französische Schulsystem vorstellen. Wir haben uns auf zwei Schwerpunkte konzentriert. Erstens auf eine Gegenüberstellung der deutschen und französischen Vorschule und Primarstufe und zweitens auf die stärkere Elitenorientierung im französischen Schulsystem.

1 La loi d'orientation

Selon la déclaration des droits de l'homme, toute personne a droit à l'éducation. En France, l'Etat veille à ce que ce droit soit appliqué. Les missions de l'école et les moyens qu'elle se donne pour y parvenir sont inscrits dans ce qu'on appelle une « loi d'orientation », un texte voté par les parlementaires. Le gouvernement souhaitait modifier la loi datant de 1989. Il jugeait en effet que l'école ne remplissait plus ses missions correctement. Par exemple 2 enfants sur 10 ont des difficultés à lire et à écrire à l'entrée en 6e, 60 000 jeunes arrêtent chaque année leurs études sans avoir obtenu de diplôme, les violences scolaires se multiplient et le racisme est de plus en plus présent dans les cours de récréation.

Afin que l'enseignement soit plus adapté au monde moderne et davantage tourné vers l'Europe et après des centaines de réunions avec les enseignants, les parents d'élèves et les représentants du gouvernement, une nouvelle loi d'orientation a été promulguée en avril 2005. Cette loi vise à permettre la mise en œuvre des priorités officiellement assignées au système éducatif par les pouvoirs publics :

- Assurer à 100 % des jeunes un diplôme ou une qualification reconnue ainsi que l'acquisition d'un « socle de connaissances et de compétences indispensables ».

- Conduire 50 % de l'ensemble d'une classe d'âge à un diplôme de l'enseignement supérieur. L'objectif de 80 % d'une classe d'âge au niveau du baccalauréat est réaffirmé.
- Développer l'enseignement d'une langue étrangère dès la classe de CE1 à l'école primaire, possibilité d'apprendre une seconde langue dès la classe de cinquième.
- Réforme de la formation des maîtres qui devrait être désormais confiée à l'université.

La modernisation du système éducatif s'organise autour de trois axes :
- « Respect des règles et des valeurs de la République » : affirmation des valeurs de tolérance, du principe d'égalité, encouragement des comportements « responsables », instauration d'une note de « vie scolaire » au brevet des collèges.
- Réorganisation des établissements et des enseignements : par exemple option de « découverte professionnelle des métiers » dans tous les collèges.
- Amélioration de la gestion du système : entre autres rationalisation de l'utilisation des personnels.

Cette loi ne satisfait pas tout le monde. Certains enseignants redoutent que cette priorité donnée aux « savoirs de base » (français, calcul, sciences) ne pénalise les autres cours ou les fasse totalement disparaître. Ainsi l'EPS (éducation physique et sportive) ne serait plus obligatoire au brevet des collèges. De plus la nouvelle loi veut rendre l'école plus efficace notamment en préparant les élèves à exercer des métiers qui permettront au pays de se développer. Certains estiment que cette « logique managériale » n'est pas le rôle de l'école.

2 Les écoles

1 Organigramme du système scolaire français

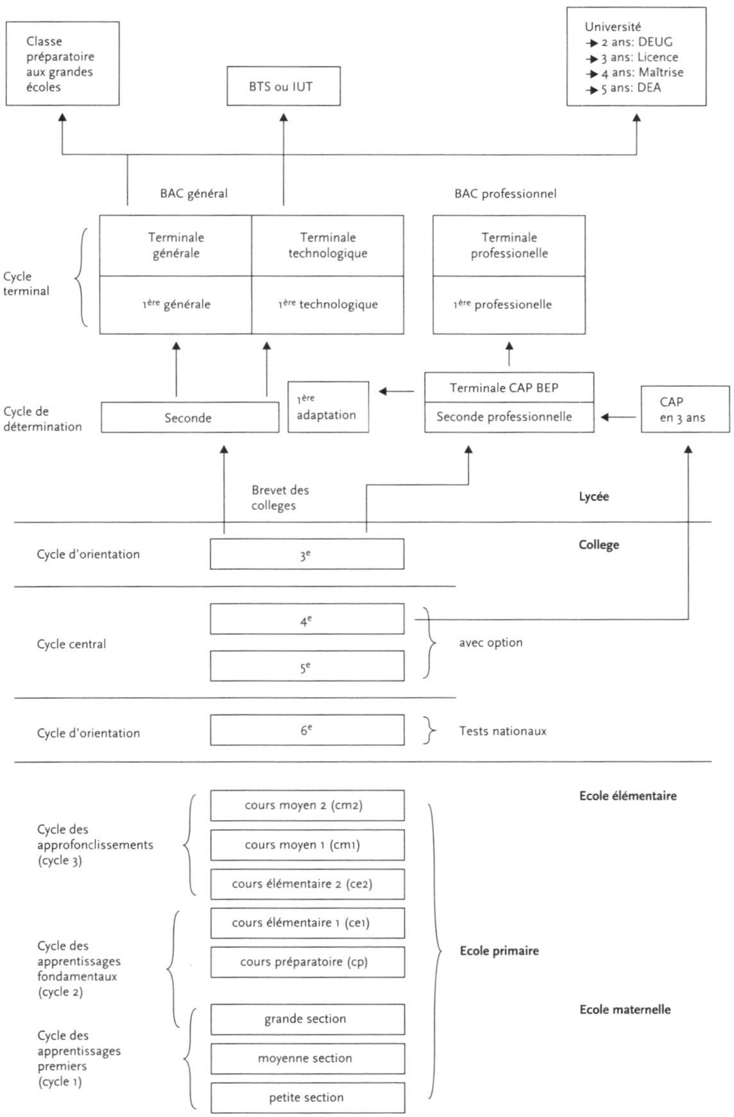

2 La maternelle

Lorsqu'on compare l'école maternelle française au Kindergarten, on se rend compte que l'on a à faire à des conceptions éducatives complètement opposées. L'apparence d'une classe de maternelle tient déjà plus d'une classe de primaire allemande car les bureaux et les chaises sont placés comme à l'école primaire. De même, le quotidien des élèves de maternelle est déjà empreint d'une discipline assez scolaire. Le pourcentage suivant résume bien la situation : dans les maternelles françaises, 20 % du temps est réservé au jeu et 80 % à des activités dirigées. Ce rapport est exactement inversé dans les Kindergärten. Une autre particularité de la maternelle est qu'elle est divisée en classes selon les tranches d'âge. Il y la classe des petits, celle des moyens et celle des grands.
Les priorités dès la première classe sont l'apprentissage de la vie en groupe et la langue orale ainsi que la formation de la motricité fine des enfants.
A partir de la moyenne section (3 à 4 ans), les petits rentrent en contact avec la « langue des livres » et l'écrit. Enfin, dans la section des grands (5 à 6 ans), les programmes prévoient que la lecture et l'écriture occupent 2 heures et demie de la journée. Un autre aspect important de la maternelle est la formation des enseignants. Le personnel des maternelles suit en effet les mêmes études que leurs collègues du primaire, c'est-à-dire Bac +4 (4 années d'université). Ces enseignants sont secondés par une aide maternelle (selon les communes, un ou deux jours par semaine).

La mission éducative de la maternelle

La France est le seul pays qui scolarise les enfants aussi tôt. On part du principe qu'il faut développer l'intelligence et la socialisation des enfants dès leur plus jeune âge. Il est intéressant de noter que dans la section des grands, qui fait partie du cycle des apprentissages fondamentaux avec les deux premières classes de primaire, les enseignants doivent écrire des bulletins (Zeugnisse) deux ou trois fois par an.

Un système critiqué

Les aspects positifs

Tout d'abord, les partisans du système français pensent qu'il est primordial d'*encadrer* les enfants. On considère que bon nombre d'enfants dans les Kindergärten finissent par s'ennuyer car l'intellect y serait trop peu sollicité. En fait, la plupart des enfants sont très curieux d'apprendre à lire et à écrire. Un des aspects importants est aussi que, pour les enfants de couches sociales défavorisées, la maternelle permet de combler les déficits éventuels au niveau du langage et apporte une très bonne préparation au primaire. Ce système permet de rétablir l'égalité des chances avant l'entrée à l'école. On constate que depuis trente ans, grâce à la scolarisation massive des enfants de 3 à 6 ans, les retards scolaires ont sans cesse diminué.

Les aspects négatifs

On considère que ce système présente des dangers. Ce qu'on lui reproche est principalement de négliger l'aspect ludique. Le système allemand préfère préserver l'enfance et se conçoit comme un prolongement du milieu familial. On pense que le fait d'apprendre aux enfants à être disciplinés, à rester assis et à copier une phrase n'est pas positif pour le développement (quoique cette critique ait perdu beaucoup de sa crédibilité depuis les résultats de l'étude PISA...). Le Kindergarten permet une évolution plus sereine. On donne la priorité aux activités de plein-air, aux activités sociales. On souhaite que les enfants « profitent » de leur enfance avant l'entrée en primaire.
Le système des « différentes sections » est aussi critiqué : certaines personnes considèrent qu'au moment où les petits entre 2 et 3 ans ont une phase très égocentrique, on leur demande de s'intégrer dans un grand groupe avec 30 autres enfants et l'on craint que les enfants les plus fragiles souffrent de cette « socialisation forcée ».

3 Le collège

Présentation du collège

Le collège regroupe quatre classes, la sixième, la cinquième, la quatrième, et la troisième et se termine par un examen central, le Brevet des collèges. Le système du collège unique a été instauré en 1975. Depuis cette date, tous les élèves de la 6ème à la 3ème se retrouvent ensemble dans le même établissement. Ce système a été créé pour permettre à tous l'accès à un enseignement identique, et donc une démocratisation de l'éducation.
Il faut constater que la gestion de ce système n'est pas toujours évidente, vu les niveaux hétérogènes des élèves. Le corps enseignant semble aussi souffrir du manque de clarté concernant les objectifs réels du collège.

4 Le lycée d'enseignement général et technologique

1 Le lycée en quelques dates

1802 : Création des lycées d'Etat par Napoléon sur le modèle militaire. Un lycée est créé dans chaque département. Leur vocation est de former les futurs officiers et cadres administratifs de l'Empire. Il est bien sûr réservé aux garçons.
1853 : Introduction d'une épreuve de langue vivante au bac.
1880 : Des lycées publics pour les filles sont créés.
1902 : Les lois de Jules Ferry ont rendu l'école primaire laïque et obligatoire pour tous, pourtant seuls les plus riches vont encore au lycée. Car l'enseignement secondaire est payant et la longueur des études exigées pour le baccalauréat exclut les enfants d'ouvriers et de paysans. Seulement 1 % d'entre eux obtient le diplôme.
1919 : Les filles sont officiellement autorisées à passer le bac !
1933 : Gratuité de l'enseignement secondaire.
1959 : Mise en place progressive de la mixité.
1968 : Création du bac technologique.
1986 : Création du bac professionnel.
1989 : La loi Jospin se donne pour objectif d'amener 80 % des jeunes au bac.
1999 : Réforme de Claude Allègre avec allègement des programmes (27 heures par semaine au lieu de 29,5), aide personnalisée aux élèves en difficulté, mise en place de Travaux personnels encadrés (TPE), l'enseignement civique qui vise à l'apprentissage de la citoyenneté est obligatoire de la seconde à la terminale.
2005 : Taux record de 80,2 % de réussite au bac.

2 Le fonctionnement

Le lycée prépare en trois ans avec les classes de seconde, première et terminale au baccalauréat général, au baccalauréat technologique ou au brevet de technicien. Certains lycées proposent aussi des formations post-baccalauréat.
En 1992, grâce à la **rénovation pédagogique des lycées**, l'organisation des études en lycée a été remodelée.

Les études en lycée sont organisées en deux cycles : la classe de seconde constitue **le cycle de détermination** et les classes de première et terminale **le cycle terminal** :

Le cycle de détermination

La seconde est donc la classe « déterminante » qui permet aux élèves de préparer leur orientation vers un baccalauréat spécifique. Les matières enseignées en seconde sont communes pour tous les élèves. L'emploi du temps comprend 23,5 heures réparties en 4 h de français, 3,5 heures de mathématiques, 3,5 heures de physique-chimie, 2 heures de sciences de la vie et de la terre ou bien, 3 heures de technologie des systèmes automatisés, 2,5 heures de langue vivante, 1, 3 heures d'histoire-géographie et 2 heures d'éducation physique et sportive. A ces heures s'ajoutent des **modules** (3 heures hebdomadaires, soit 45 minutes en français, mathématiques, histoire-géographie et langue vivante 1, quatre matières principales). Il s'agit de travaux en petits groupes dans lesquels on propose diverses activités pédagogiques. Par ailleurs, les lycées proposent des enseignements facultatifs de langue, d'activités sportives ou artistiques.

Le cycle terminal (classe de 1ère et de terminale)

Après la seconde, les élèves ont le choix entre trois séries générales : L (littéraire), ES (économique et sociale) et S (scientifique) et quatre séries technologiques. D'autre part, ils peuvent préparer des baccalauréats technologiques spécifiques (p. ex. dans l'hôtellerie) ainsi que des brevets de techniciens permettant de rentrer dans la vie active ou de poursuivre des études en IUT (Institut universitaire technologique) par exemple.

3 Le baccalauréat

Le baccalauréat sanctionne la fin des études secondaires et constitue le premier grade de l'université. Il permet d'accéder aux études supérieures. Il est composé d'épreuves obligatoires et facultatives. Ces épreuves correspondent aux programmes officiels des classes de terminale. Une des particularités du baccalauréat français est qu'il est organisé en une seule session, les dates étant fixées par le ministre chargé de l'Education nationale. De même, les sujets sont choisis par le recteur d'académie, ayant reçu délégation du ministre de l'éducation pour cette tâche. Il existe aussi une session de rattrapage au mois de septembre. Elle est destinée aux candidats qui n'ont pas pu passer les épreuves pour des raisons de force majeure. Lorsque des élèves ne réussissent pas aux épreuves du baccalauréat mais ont obtenu une moyenne d'au moins huit sur vingt, ils reçoivent un certificat de fin d'études secondaires ou de fin d'études professionnelles. Ce certificat ne donne pas automatiquement le droit de poursuivre des études supérieures.

3 Le quotidien dans une école française

On ne peut pas négliger de rappeler que les élèves français passent une journée entière à l'école. Une heure de cours dure 55 minutes. Les cours s'arrêtent vers 12.00 heures et les élèves peuvent déjeuner à la cantine ou rentrer à la maison. Puis ils retournent en cours l'après-midi sauf le mercredi. La durée des vacances d'été est de deux mois. Outre les vacances correspondant aux fêtes religieuses comme Pâques ou Noël ou les vacances de la Toussaint, il existe en France des vacances de neige au mois de février. Concernant le système de notes, il faut signaler qu'elles s'échelonnent entre zéro et vingt. Le zéro étant la plus mauvaise note. La note dix correspond à ce qu'on appelle la « moyenne ». Même si les journées d'école sont assez longues, les élèves ont tout de même des devoirs à faire à la maison. De même, des contrôles écrits sont effectués en classe assez fréquemment. Un carnet de notes et de correspondance ainsi que des réunions et des entretiens assurent un lien régulier entre parents et professeurs. A la fin de chaque trimestre, les résultats des élèves sont communiqués aux familles sous la forme d'un *bulletin trimestriel*.

Voici un site permettant de faire plus ample connaissance avec le système scolaire français. Une élève allemande, effectuant un échange dans un lycée français, raconte ses expériences et ses impressions au quotidien. En cliquant sur la page : « Wie geht Schule in … », on peut découvrir une scène qui se passe dans un cours ou à la cantine.
Site Internet :

- http://www.wdr.de, cliquez sur « Kultur », puis dans « Suchbegriff » tapez : « Schule in Frankreich », et enfin sur la liste des thèmes, choisissez « Schulbesuch in Frankreich ».

Le questionnaire suivant permet, en laissant des élèves allemands répondrent aux questions, de faire des comparaisons entre leur quotidien et celui des élèves français :

Le quotidien des élèves français et des élèves allemands

Question	Elève français	Elève allemand
1. Tu te lèves à quelle heure ?	A 7.30 h.	
2. Tu quittes la maison à quelle heure ?	Je pars à 7.45 h.	
3. Les cours commencent à quelle heure ?	A 8.15 h.	
5. Que fais-tu pendant la pause de midi ?	Je mange à la cantine.	
6. Tu aimes y manger ?	Ce n'est pas toujours très bon mais on peut bien discuter avec les copains.	
7. Qu'est-ce que tu fais si tu as une heure de libre dans la journée ?	Je reste avec mes copains dans la cour ou bien on s'installe dans une salle de classe.	
8. Tu quittes l'école à quelle heure ?	Vers 16.00 h en général.	
9. Qu'est-ce que tu fais en arrivant à la maison ?	Je goûte et je regarde la télé.	
10. A quelle heure fais-tu tes devoirs ?	Vers 17.30 h.	
11. Tu en as beaucoup ?	J'en ai souvent pour deux heures au minimum.	
12. Est-ce que tu fais du sport après l'école ?	Je n'ai pas beaucoup de temps pour cela mais je fais du foot le week-end.	
13. Tu dînes à quelle heure le soir ?	Vers 20.00 h.	
14. Que fais-tu après le dîner ?	Si j'ai fini mes devoirs, je regarde la télé, j'écoute de la musique ou je vais sur Internet.	
15. Tu te couches à quelle heure ?	Vers 23.00 h.	

4 Les études supérieures

Après le baccalauréat, les étudiants peuvent choisir parmi les possibilités suivantes :

A. Les universités : Celles-ci proposent pour la plupart des filières d'études réparties sur 1, 2 ou 3 cycles.
B. Les IUT, Instituts Universitaires de Technologie proposant des filières courtes.
C. Les écoles supérieures formant les ingénieurs.
D. Les Beaux-Arts qui concernent le domaine des arts plastiques.
E. Le Conservatoire National de Musique
F. Les Grandes écoles. Il faut citer :
   - Polytechnique (appelée souvent X),
   - Centrale,
   - HEC, Hautes études Commerciales,
   - ENA, l'Ecole Nationale d'Administration,
   - ENS, l'Ecole Normale Supérieure.

On ne peut entrer dans l'une de ces grandes écoles qu'après avoir été admis à un concours d'un niveau élevé auquel on se prépare en général dans une classe préparatoire (prépa). Les étudiants des classes préparatoires travaillent beaucoup : environ 9 heures par jour, 4 heures de plus que les étudiants des filières universitaires. Les étudiants des prépas sont en général très motivés et très assidus aux cours. Par contre, le travail et la concurrence entre eux étant très durs, il arrive que certains abandonnent avant la fin par fatigue ou découragement.

5 Quelques caractéristiques de l'école française

1 Centralisme de l'école

L'école française est moins centralisée que par le passé. En effet, les décisions telles que l'affectation des moyens financiers ou le respect des priorités de chaque école ne sont maintenant plus prises au ministère mais dans les académies. Il faut tout de même signaler que les examens ont toujours été centralisés. Le brevet, tout d'abord, que les élèves passent à la fin du collège, est leur premier examen. La date du Brevet des collèges, fixée par l'Académie, est la même pour toute une région et les sujets, choisis parmi le programme de l'année, ne sont pas connus des professeurs avant le jour de l'examen. Les corrections sont effectuées anonymement.
L'organisation du baccalauréat est pour ainsi dire équivalente. Les épreuves écrites ont lieu le même jour pour tous les élèves. Elles sont corrigées par des professeurs inconnus des élèves. Quant aux épreuves orales du baccalauréat, elles confrontent les élèves pour la première fois à une situation d'examen où ils sont jugés par des enseignants qu'ils n'ont jamais vus auparavant.

2 La laïcité à l'école

La laïcité à l'école publique s'est peu à peu imposée, sans remettre en cause l'existence d'écoles privées (loi Falloux, 1850). La loi de 1882 a imposé la laïcité des programmes et des locaux des écoles publiques. La loi de 1905 instaure une séparation institutionnelle. Le combat laïque se justifie alors au nom d'une morale républicaine : l'école forme les citoyens, assure l'unité de la nation, les enseignants étant porteurs de l'intérêt général. La querelle de la laïcité s'incarne alors dans la lutte entre l'école publique et l'école privée.

3 Les écoles privées

L'école publique est par fondement, laïque et gratuite. L'école privée quant à elle, est en général confessionnelle. Elle demande aux parents une certaine participation financière avec laquelle elle entretient les biens immobiliers. Les établissements privés sont soit reconnus par l'Etat, soit sous contrat d'association avec lui, contrat créé par la loi Debré de 1959. Le secteur privé de l'éducation est soumis à de strictes obligations de service public, comme l'unité des programmes et le respect de la liberté de conscience. Ces filières connaissent de plus en plus de succès. Les parents y envoient rarement leurs enfants par conviction religieuse mais parce qu'il désirent que leurs enfants soient plus encadrés et plus suivis dans leur scolarité. Ils souhaitent aussi ne pas devoir subir les grèves qui touchent régulièrement l'éducation nationale. Pour ses adversaires, l'école privée doit rester marginale, ainsi que le rôle des parents dans l'éducation de leurs enfants. A l'inverse, les Eglises cherchent à dissocier la laïcité de l'Etat et celle de l'école.

4 L'Ecole française, une école élitaire ?

En France, on considère que l'école a pour rôle de réduire les inégalités sociales, les problèmes d'intégration ou de racisme par exemple. Mais bien qu'une bonne formation initiale n'ait jamais été aussi importante, l'école semble avoir de plus en plus de difficultés à atteindre cet objectif. Les réformes fréquentes qui font partie intégrante de l'école en France montrent bien que l'on cherche constamment à améliorer le système, à l'adapter le mieux possible aux exigences du monde actuel. On peut par exemple citer la création assez récente des baccalauréats professionnels. De même que l'on ne doit pas oublier que le pourcentage des jeunes de 18 ans qui sont encore scolarisés est de 80 % contre 60 % il y a vingt ans.

Jacques Lang, qui était ministre de 1997 à 2002, avait lancé un projet dans lequel il voulait rendre « l'école élitaire pour tous ». La loi Fillon de 2005 est empreinte de la même exigence mais on a pu constater qu'il était très difficile de changer les mentalités. En fait, les clés de la réussite scolaire semblent être toujours les mêmes : passer un baccalauréat (de préférence scientifique), faire une prépa (école préparatoire) et entrer dans une grande école. Ceux qui ne suivent pas cette voie ont toujours l'impression de n'avoir pas vraiment réussi.

On peut donc constater que le système français qui se veut par principe égalitaire est en fait un système assez élitiste. On assiste alors à un phénomène où les parents, qui en ont les moyens financiers, investissent dans toutes sortes de cours privés pour leurs enfants. Donc, les enfants issus des milieux les plus aisés sont ceux qui réussissent le mieux à l'école. On dit que 70 % des élèves des grandes écoles ont des parents étant cadres ou exerçant une profession libérale. Une exception reste Sciences-Po (Institut des Sciences Politiques) à Paris qui recrute depuis quelques années des étudiants brillants venus de milieux économiquement faibles. Mais on peut constater que la réussite des élèves dépend finalement moins des revenus des parents que de leur connaissance du système scolaire. En effet, si les parents ont eux-mêmes fait des études supérieures, ils sont plus en mesure de conseiller et d'aider leurs enfants et leur permettent donc une meilleure réussite.

6 La langue d'aujourd'hui

1 Les nouveaux mots du français

Wir haben diese Liste alphabetisch geordnet. Sie dient dazu, Klarheiten zu geben über manche Begriffe, die in aktuellen Presseartikeln oder in Büchern häufig vorkommen.

Accès Internet (subst. masc.) :	Liaison avec l'Internet.
Accro (adj./langage familier) :	Etre accro signifie être adepte de quelqu'un ou de quelque chose.
Adresse perso (langage familier) :	L'adresse personnelle.
Agriculture raisonnée ou agriculture intégrée :	Mode d'agriculture conciliant le respect de l'environnement, la sécurité sanitaire et la rentabilité économique.
Altermondialisation (subst. fém.) :	Mouvement de la société civile remettant en question le modèle libéral de la mondialisation et luttant pour un modèle qui respecte l'homme et l'environnement.
Arobase ou arrobase :	Sigle des adresses Internet : @
Audimat (subst. masc.) :	Taux d'écoute d'une chaîne de télévision ou de radio.
Baladeur (subst. masc.) :	Lecteur portable permettant d'écouter de la musique.
Base de données (subst. fém.) :	Ensemble d'informations utilisées dans le domaine de l'informatique.

Bobo (subst. masc./fém.) :	Le terme bobo est la contraction de bourgeois-bohème. Inventé par le journaliste américain David Brooks en 2000 dans son livre « bobos in Paradise », ce concept assez flou désigne une catégorie socioprofessionnelle aisée, progressiste, de métier fortement intellectuel, habitant les grands centres urbains, souvent dans des quartiers autrefois populaires et se distinguant par son mode de consommation (logement, alimentation, loisirs). Ce terme a pris en France une valeur plutôt péjorative. Le bobo essaie sans cesse de paraître différent, ne jamais faire comme tout le monde et apparaît finalement comme un nouveau riche pas très révolutionnaire, un écolo moderne qui aimerait concilier nouvelle économie et profit avec culture de son jardin et commerce équitable.
Borne wi-fi (fém.) :	Liaison Internet sans fil.
Bouquet satellite (subst. masc.) :	L'ensemble des satellites.
Blog (subst. masc.) :	Carnet de bord sur Internet.
Blogguer (verbe) :	Utiliser un blog.
Branché (adj.) :	A la mode. Ex. : Elle est très branchée.
Carte scolaire :	Attribution des établissements scolaires selon les lieux d'habitation des élèves.
Carte vitale :	Il s'agit d'une carte verte de la taille d'une carte bancaire. Chaque assuré social en possède une.
Centre d'appel (subst. masc.) :	Callcenter.
Chèque-cadeau (subst. masc.) :	Il permet à la personne qui l'a reçu de choisir son cadeau elle-même dans un magasin.
Clavier (subst. masc.) :	Ensemble des touches de l'ordinateur (Tastatur).
Cliquer :	Actionner la souris de l'ordinateur.
Colocation (subst. fém.) :	Un appartement partagé par plusieurs locataires appelés les colocataires.

Commerce équitable :	Beaucoup de produits de consommation courante, comme le café, le thé, les bananes sont importés des pays du Sud. Les petits producteurs et les travailleurs qui les cultivent sont pénalisés par les cours fluctuants et la pression des intermédiaires. Le commerce équitable permet de leur assurer un revenu leur permettant de vivre décemment. C'est-à-dire que l'on garantit un prix juste aux producteurs. Le principe fondateur du commerce équitable étant de leur apprendre à gérer et à développer leur récolte de façon cohérente pour arriver à être indépendant.
Conflictuel/le (adj.) :	Suscitant des conflits. Ex. : Leur relation est très conflictuelle.
Connecter, se connecter (verbe/vocab. informatique) :	Brancher/se brancher sur Internet.
Connexion (subst. fém./vocab. informatique) :	Liaison permettant d'être branché sur Internet.
Console (subst. fém.) :	Micro-ordinateur destiné aux jeux vidéo.
Consultant (subst. masc.) :	Personne donnant des conseils. Ex. : un consultant d'entreprise.
Convention collective (subst. fém.) :	Règle les salaires et les conditions de travail (négociée entre les syndicats et les employeurs).
Couette (subst. fém.) :	Edredon en plumes, duvet, ou fibres synthétiques, remplacant souvent le drap et la couverture classiques des lits français. (Daunendecke)
Courriel :	Mot d'origine québécoise, recommandé depuis juin 2003 par la Délégation générale à la langue française pour désigner le courrier électronique, la messagerie électronique et le message électronique. Pour ce qui est du message électronique, on utilise le mot mail ou email mais aussi mél.

Co-voiturage (subst. masc.) :	Action de se partager un véhicule à plusieurs personnes pour aller au travail. Ce terme est surtout apparu en relation avec les grèves des transports en commun.
Craquer (verbe) :	Tomber sous le charme de quelqu'un ou de quelque chose.
Craquant (adj.) :	Irrésistible, qui fait craquer.
Cryptage (subst. masc.)	Action de codifier des données pour les rendre secrètes.
Cybercafé (subst. masc.) :	Café dans lequel on peut utiliser Internet.
Cyberjournaliste (subst. masc./fém.) :	Journaliste sur Internet.
Cybermonde (subst. masc.) :	Espace virtuel regroupant l'ensemble des internautes et des informations disponibles sur Internet.
Cybernaute (subst. masc.) :	Internaute.
Décalage (subst. masc.) :	Être en décalage signifie être différent, avoir une autre opinion.
Décalé (adj.) :	Voir décalage. Ex : Il est complètement décalé par rapport à ses collègues.
Décrédibiliser (verbe) :	Rendre quelqu'un peu crédible.
Délocalisation :	Voir délocaliser.
Délocaliser :	Action de déplacer le lieu de production d'une entreprise, en général dans un pays dont les coûts de productivité sont faibles.
Déjanté (adj.) :	Un peu fou.
Dérapage (subst. masc.) :	On parle de dérapage judiciaire lorsqu'il y a un non-respect de la loi.
Discrimination positive :	Essai de réponse proposé par certains hommes politiques et intellectuels au problème de discrimination sur le marché du travail des Français originaires d'Afrique noire et du Maghreb. Il s'agit de leur donner la priorité à l'embauche.
Dysfonctionnement (subst. masc.) :	Trouble du fonctionnement.

Ecotourisme (subst. masc.) :	Tourisme respectant l'environnement et contribuant au développement de l'économie locale.
Effet de serre (subst. masc./vocab. de l'écologie) :	Phénomène causé par le réchauffement de la planète. (Treibhauseffekt)
Emergent :	dans l'expression les pays émergents : Pays en voie de développement.
Emploi à temps partiel (subst. masc.) :	Un emploi où l'on travaille seulement quelques jours par semaine.
Emploi à mi-temps (susb.masc.) :	Un emploi où l'on travaille soit le matin soit l'après-midi.
Emploi à temps complet (subst. masc.) :	Un emploi où l'on travaille 35 heures par semaines.
Encrypter (verbe/vocab. informatique) :	Codifier des données informatiques pour les rendre confidentielles.
En ligne :	Etre en ligne signifie être branché sur Internet.
Enseigne (subst. fém.) :	Marque. Ex. : C'est une grande enseigne de la mode actuelle.
Eolien (subst. masc.) :	Energie du vent.
Eolienne (subst. fém./vocab. de l'énergie) :	Installation utilisant l'énergie du vent.
Exporter : (verbe/vocab. informatique)	Transférer des données informatiques d'un fichier à un autre.
Fichier (subst. masc./vocab. informatique) :	Regroupement de données sous un nom spécial.
Formater (verbe) :	Mettre un texte dans la forme dans laquelle il pourra être imprimé.
Formation permanente (subst. fém.) :	Action de continuer à apprendre tout en étant déjà dans la vie active.
Francilien/ne (subst. masc./fém.) :	Personne vivant en Île-de-France.
Globalisation (subst. fém.) :	Voir mondialisation.

Grands frères :	Au départ, l'expression « grand frères » désigne des médiateurs présents dans les trains pour prévenir le vandalisme et la violence. Ils ne portent pas d'uniforme, parlent souvent plusieurs langues et établissent un dialogue avec les jeunes voyageurs posant des problèmes. Au moment des violentes émeutes dans les banlieues en 2005, cette notion de « grands frères » s'est étendue à des éducateurs qui ont joué un rôle non négligeable dans le rétablissement de l'ordre. Issus en général du même milieu que les émeutiers, ils étaient aptes à dialoguer avec eux pour essayer de les ramener à la raison.
Grippe aviaire :	Virus de la grippe touchant principalement les volailles.
Harcèlement (subst. masc.) :	Action d'abuser de son autorité. On répertorie deux cas : 1/ le harcèlement sexuel : il s'agit de l'abus d'autorité pour obtenir des faveurs sexuelles. 2/ le harcèlement moral : il vise à rendre désagréables les conditions de travail d'une personne subordonnée et à la déstabiliser.
Homoparentalité (subst. fém.) :	Droit, pour les couples homosexuels, d'élever des enfants.
Implanter (verbe) :	Installer. Ex : Cette entreprise s'est implantée dans la banlieue de Lyon.
Incontournable (subst. masc./adj.) :	Personne ou tendance dont on ne peut pas se passer. Ex : Le pull en cachemire est un incontournable cet hiver.
Internaute (subst. masc./fem.) :	Personne branchée sur Internet.
Intermittent/e (subst. masc./fém.) :	Personne n'ayant pas de contrat de travail fixe. Ex. : Un intermittent du spectacle.
Jité (subst. masc./vocab.familier) :	JT, c'est l'abréviation du Journal Télévisé.
Kiffer (verbe/langage familier) :	Ce mot signifie « aimer ». Ex. : « Je kiffe son sourire. »

Lecteur (subst. masc.) :	Appareil permettant de restituer des informations enregistrées, comme un lecteur laser (CD-Player) par exemple.
Logiciel (subst. masc.) :	Le programme informatique.
Malbouffe (subst. fém.) :	Nourriture sans grande valeur. Terme créé par les militants anti-mondialisation pour qui la malbouffe symbolise l'impérialisme américain.
Mal-être, mal-vivre :	C'est le contraire du bien-être. Un état de malaise ou le plus petit problème ne semble pas avoir de solution. Cet état peut parfois aller jusqu'à la dépression. On parle par exemple du mal-être des adolescents ou du mal-être des étudiants.
Malversation (subst. fém.) :	Action de détourner des fonds dans l'exercice d'une fonction.
Médecin traitant :	Il peut s'agir d'un généraliste ou d'un spécialiste. Le patient doit le consulter en premier lieu. Il coordonne le parcours des soins d'un patient, c'est-à-dire les différentes consultations nécessaires au suivi de sa santé. Ce médecin traitant peut aussi envoyer son patient chez un spécialiste plus apte à le soigner.
Mondialisation (subst. fém.) :	Synonyme de globalisation : Mise en place d'un marché mondial.
Moteur de recherche (subst. masc.) :	Suchmaschine.
Opérateur (subst. masc.) :	Entreprise vendant des services tels que l'accès à Internet ou la téléphonie mobile.
Or :	On parle de l'or pour désigner les ressources naturelles génératrices de richesse. Ainsi, l'or blanc désigne la neige, l'or bleu : l'eau et l'or vert : les ressources végétales.
Numérique (adj.) :	Procédé de transmission des signaux de radiodiffusion ou de télévision sous forme numérique ou par voie hertzienne. Ex. : La télévision numérique. (Digitalfernsehen)

(A) Pattes d'éph/ **(à) pattes d'éléphant** :	Pantalon large à la base. (Hose mit Schlag)
Photocopillage (subst. masc.) :	Action de photocopier des livres au lieu de les acheter.
Pontage coronarien (subst. masc.) :	Opération du cœur. (Bypassoperation)
Pourriel :	Vient de poubelle et courriel pour désigner les spams, ces messages non souhaités qui inondent nos ordinateurs.
Portable (subst. masc.) :	Désigne le téléphone ou l'ordinateur qui ne sont pas fixes.
Préretraite (subst. fém.) :	Retraite prise avant l'âge légal.
Pro (subst. masc.) :	Abréviation du mot professionnel. Signifie un spécialiste.
Publipostage (subst. masc.) :	Action d'envoyer des publicités à domicile.
Quadragénaire (subst. masc./fém.) :	Personne d'environ quarante ans.
Quinquagénaire (subst. masc./fém.) :	Personne d'environ cinquante ans.
Réchauffement (sub.masc./vocab. de l'écologie) :	Augmentation de la température. On parle de réchauffement de la planète.
Résilience (subst. fém.) :	Faculté à trouver le bonheur malgré des circonstances traumatiques.
Se ressourcer (verbe) :	Reprendre des forces en revenant à ses sources.
Souris (subst. fém./vocab. informatique) :	Permet en l'actionnant de déplacer le curseur sur l'écran et de sélectionner une fonction.
Réactivité (subst. fém.) :	Capacité de réagir vite.
Renouvelable (adj./vocab. de l'écologie) :	On parle d'énergie renouvelable lorsqu'il s'agit d'une énergie respectant l'environnement parce qu'elle n'épuise pas les ressources naturelles. Ex. : la biomasse ou l'énergie solaire.
Ressources humaines :	Désigne le service du personnel d'une entreprise.
Saison creuse (subst. fém./vocab. du tourisme) :	Saison pendant laquelle il ne se passe pas beaucoup de choses.
Sans-papiers (subst. masc. pluriel) :	Etrangers séjournant en France sans papiers légaux.
Sauvegarder (verbe) :	Mettre en mémoire des données sur l'ordinateur.

Sexagénaire (subst. masc./fém.) :	Personne d'environ soixante ans.
Solo (adj. invariable/ subst. masc. ou fém.) :	Personne sans partenaire.
Sourcer (verbe) :	1. Donner les sources précises d'une citation. 2. Contrôler l'origine et l'authenticité d'une information.
Taf (subst. masc./langage familier) :	Travail, emploi. Ex. : C'est du taf !
Technopole (subst. fém.) :	Centre urbain dans lequel se concentrent des industries de pointe et des activités de recherche.
Tendance :	Être tendance signifie être à la mode. Ex. : Ton jean est très tendance.
Tchatche (subst. fém./langage familier) :	Le bavardage.
Tchatcher (verbe) :	Bavarder.
Tour opérateur (subst. masc.) :	Reiseveranstalter.
Traçabilité (subst. fém.) :	Le grand public a découvert la traçabilité lors de la crise de l'ESB (Encéphalopathie spongiforme bovine) appelée aussi crise de la « vache folle ». Il s'agit d'une nouvelle démarche qui consiste à donner la possibilité de retrouver la trace des différentes étapes et lieux de vie d'un produit, depuis sa création jusqu'à sa destruction, pour la sécurité des consommateurs. En France, l'obligation de « suivre » les produits concerne les secteurs de la pharmacie, de la viande bovine et des produits contenant des OGM (Organismes génétiquement modifiés).
Transgénique (adj.) :	Se dit d'un produit sur lequel on a procédé à une transformation génétique. Ex. : le maïs transgénique.
Trentenaire (subst. masc./fém.) :	Personne d'environ trente ans.
Vététiste (subst. masc./fém.) :	Personne pratiquant le VTT, Vélo tous terrains.
Zonard (subst. masc.) :	Personne un peu marginale habitant en général dans une banlieue pauvre.

Les nouveaux mots du français

Exercices sur le vocabulaire

Complétez les phrases avec les mots suivants : craqué, incontournable, délocalisation, sauvegarder, tour-opérateur, malversations, chèque-cadeau, portable, transgéniques, saison creuse.

1. Beaucoup d'employés perdront leur travail, suite à la ____________ de l'entreprise en Europe de l'Est.

2. Si tu n'as pas d'idée de cadeau pour l'anniversaire de ta sœur, tu peux toujours lui offrir un ____________ .

3. Chaque mois, elle dépense beaucoup trop d'argent pour son ____________ .

4. Cet homme politique a été condamné pour ____________ .

5. Il a ____________ sur cette veste en cuir.

6. Pendant la ____________ , il y a seulement une dizaine de touristes dans ce village.

7. Ce roman est un ____________ .

8. Il travaille chez un ____________ dans la région de Tours et s'occupe des gîtes ruraux.

9. Les consommateurs ont peur que les produits ____________ soient dangereux pour la santé.

10. « N'oublie pas de ____________ ton texte avant d'éteindre l'ordinateur ! ».

Solutions : délocalisation, chèque-cadeau, portable, malversations, craqué, saison creuse, incontournable, tour-opérateur, transgéniques, sauvegarder

2 L'influence de l'anglais

Même si les Français sont soucieux de préserver la langue française de l'influence de la langue anglaise, certains mots ont incontestablement trouvé leur place dans le vocabulaire des Français.

Booster :	Renforcer, développer. Ex : Ils ont boosté les ventes de jouets électroniques.
Burn-out (subst. masc.) :	Troubles (fatigue, douleurs) causés par le stress.
Challenge (subst. masc.) :	Un défi.
Check-up (subst. masc.) :	Contrôle médical. Ex. : Marie s'est fait faire un check-up avant l'hiver.
Coach (subst. masculin) :	Personne guidant les autres vers plus de compétences et d'engagement.
E-mailing (subst. masc.) :	Action d'envoyer un e-mail à de nombreuses personnes en une opération.
Filtre à particules (subst. masc.) :	Partikelfilter.
Fun (adj. invariable/subst. masc.) :	Plaisir.
Leader (subst. masc.) :	Personne ou entreprise occupant la première place.
Leadership (subst. masc.) :	Position dominante.
Look (subst. masc.) :	L'apparence d'une personne.
Hasbeen (subst. invariable) :	Personne qui a été célèbre dans le passé.
People :	VIP's.
Relooker :	Donner un nouveau look, une nouvelle apparence.
Scoop (subst. masc.)/ vocab. du journalisme) :	Information sensationnelle.
Squatter (verbe/langage familier) :	Habiter chez quelqu'un.
Tag :	Graphisme (illégal) réalisé sur des murs.
Tagueur/euse : (subst.) :	Personne qui fait des tags.
Trash (adj. invariable/subst. masc.) :	Tendance de la mode utilisant une sorte de mauvais goût agressif, afin de choquer et de provoquer.
Vintage (adj. invariable) :	Se dit d'un vêtement ou d'un accessoire ayant déjà été à la mode il y a dix ou vingt ans et redevenu moderne.

Vintage (subst. masc.) :	Tendance de la mode correspondant à l'explication précédente.
Web :	Application de l'Internet.
Webchat (subst. masc.) :	Salon de discussion interactif.
Webmestre (subst. masc.) :	Administrateur de site Internet.
WI-FI (Nom masc. invariable) :	Abréviation de wireless fidelity. Réseau local hertzien à haut débit pour les liaisons d'équipements informatiques.
Zapper :	Changer de chaîne en regardant la télévision.
Zapping (subst. masc.) :	Action de changer souvent de chaîne en regardant la télévision.

L'influence de l'anglais

Exercice sur le vocabulaire
Complétez les phrases avec les mots suivants : look, squatte, check up, tags, zapper.

1. Il ________________ chez elle depuis plus de six mois.
2. Bon, arrête de ________________ , je voudrais suivre le match de foot.
3. Elle a complètement changé de ________________ depuis qu'elle est avec Alex.
4. Mon père a rendez-vous chez le médecin pour se faire faire un ________________ ________________ .
5. Les murs de sa maison sont couverts de ________________ .

Solutions : squatte, zapper, look, check up, tags

3 Le langage des jeunes et le langage texto (SMS)

Sms C KOI ? (SMS, c'est quoi ?)

Le Langage SMS (short message service) est un moyen de communication qui permet d'envoyer et/ou de recevoir des messages courts de 160 caractères sur l'écran de son téléphone portable. Dans ce langage, tout est bon pour gagner du temps et éviter d'avoir à tapoter inutilement sur les touches de son portable. Pour communiquer rapidement, les mots sont ainsi réduits à leur plus simple expression écrite, les « qu » deviennent des « k », pour dire « j'ai acheté » on peut écrire « ght » , « c'est quoi » peut se transformer en « cékoi » voire « ckoi » ou même « ckwa », etc. Les abréviations, rébus ou sigles en tous genres sont évidemment les bienvenus, l'essentiel est que la transcription phonétique du mot soit correcte et que le résultat écrit soit sympathique.

Ce phénomène inquiète certains défenseurs de la langue française. Ils considèrent qu'il menace notre langue parce qu'il ne respecte pas les règles de l'orthographe alors que le niveau des élèves en orthographe laisse déjà à désirer … La seule règle qui prévaut en matière de langage SMS est justement l'absence de règles. Inutile de préciser que l'on peut donc prendre toute liberté avec l'orthographe et l'on est même invité à en transgresser toutes les « lois » pour être tendance !

On ne peut le nier, le langage SMS reste le moyen préféré de communication des jeunes (les 15–25 ans). Il est discret, peu coûteux et son code reste incompréhensible à toute personne non initiée, c'est à dire surtout aux parents ! Nous considérons donc que c'est un phénomène que l'on ne peut pas ignorer. Au contraire, en l'intégrant – de façon dosée évidemment – dans l'apprentissage de la langue, on peut obtenir l'effet inverse, c'est-à-dire : capter l'attention des apprenants en utilisant « leur langage » à des fins pédagogiques. Nous savons tous très bien que les méthodes classiques avec lesquelles nous avons nous-même appris une langue étrangère ne sont plus vraiment applicables car les apprenants ont changé. Les élèves sont saturés d'informations, manquent de concentration et s'ennuient très vite. Alors éveillons leur curiosité et leur attention en intégrant le phénomène SMS au déroulement du cours.

A Utilisation du langage SMS pour un niveau débutant

On peut le faire sous forme de jeu. C'est-à-dire que cela suppose un apprentissage ou une révision de l'alphabet. Les élèves doivent deviner le sens de certains messages et le retranscrire en français « normal ».

Exemples :
a2m1 : à demain
ab1to : à bientôt
bcp : beaucoup
bjr : bonjour
C b1 : c'est bien …

B Les SMS pour la « Mittelstufe »

Le principe est le même que pour les débutants mais on augmente la difficulté des messages.

Exemples :
G1id2kdo : J'ai une idée de cadeau
stp : s'il te plait
r1 : rien
Tabitou : t'habites où
t oqp : t'es occupé …

C Les textos pour les classes à partir de trois ans d'apprentissage de la langue

On peut organiser une discussion à partir du sujet et poser différentes questions aux élèves. Par exemple sur leur portable : « que faites-vous exactement avec votre portable », « combien vous coûte-t-il ? ».
Ceci amène naturellement à parler des dépenses des adolescents en général. Les élèves révisent donc les chiffres à cette occasion : Combien reçoivent-ils d'argent de poche ? Que doivent-ils acheter exactement avec cet argent (vêtements, fournitures scolaires, loisirs) ?
Et pour finir, on fait déchiffrer des expressions textos aux apprenants.

Exemple :
koi29 : « Quoi de neuf » (Was gibt's Neues?)

D Liste alphabétique de textos

a12c4	à un de ces quatre (bis dann)
a2m1	à demain
a+	à plus tard
ab1to	à bientôt
asap	au plus vite (as soon as possible)
asv	âge, sexe, ville
ayé	ça y est
b1sur	bien sûr
bap	bon après midi
bcp	beaucoup
bjr	bonjour
bsr	bonsoir
C2 labal	c'est de la balle
Cad	c'est-à-dire
Cb	c'est bien
C cho	c'est chaud
Cmal1	c'est malin
C pas 5pa	c'est pas sympa
C2l8	c'est trop tard
Dac	d'accord
D100	descends
jtm	je t'aime
je lsaV	je le savais
Jenémar	j'en ai marre
G1id2kdo	j'ai une idée de cadeau
G la N	j'ai la haine
GPT lé plon	j'ai pété les plombs
Gspr b1	j'espère bien
GT o 6né	j'étais au ciné
Kekina	qu'est-ce qu'il y a ?
Keske C	qu'est-ce que c'est
Kestudi	qu'est-ce que tu dis ?
Kestu X	qu'est-ce que tu crois ?
Kestufé	que fais-tu ?
Koi29	quoi de neuf ?
Kestufou	qu'est-ce que tu fous ?
Lckc	elle s'est cassée (elle est partie)
L's tomB	laisse tomber
MDR	mort de rire
Ok1	aucun
PTDR	pété de rire
raf	rien à faire
Ras	rien à signaler
Rdv	rendez-vous
R1	rien
Savapa	ça ne va pas
Slt	salut
Stp	s'il te plaît
Tabitou	t'habites où ?
Tata KS	tu as ta caisse (ta voiture)
Ti2	t'es hideux
TkoQ	t'es cocu
Tkc	t'es cassé (t'es fatigué)
T le + bo	t'es le plus beau
T oqp	t'es occupé
T nrv	t'es énervé
V1	viens
Vazi	vas-y
Vrémt	vraiment

E Texte à traduire

Langage SMS

Lorsk l premié restau 2 la grande chaîn amérikain ouvrit c port en france en 1979, on croyait k'il norè ok1 suksè. mè on sè ojourdui k sé restoran akueil + d'1 milion 2 viziteur chak jr. on avè pourtan pu konstaté une bès du nombre dé clian a l'épok 2 la criz ékonomik, 2 la maladie 2 la vache fol é du débat s/ l'obézité. En fet 1 dé secret du succès 2 la restoration rapid est l changnt dé habitude alimentair dé Françai. i é rar en effé k'1 dejeuné dur 2 hr actuelement, tou doi alé vit parse k'on a peu 2 tem. lè chaînes 2 restoration rapide on su s'adapté o atentes actuelles dè konsomateur. on y trouv o menu dé salades, dé yaourts, dé fruit é sourtou 2 l'o minéral.

Solution :

Traduction en français standard

Lorsque le premier restaurant de la grande chaîne américaine ouvrit ses portes en France en 1979, on croyait qu'il n'aurait aucun succès. Mais on sait aujourd'hui que ces restaurants accueillent plus d'un million de visiteurs chaque jour. On avait pourtant pu constater une baisse du nombre des clients à l'époque de la crise économique, de la maladie de la vache folle et du débat sur l'obésité. En fait un des secrets du succès de la restauration rapide est le changement des habitudes alimentaires des Français. Il est rare en effet qu'un déjeuner dure deux heures actuellement, tout doit aller vite parce qu'on a peu de temps.
Les chaînes de restauration rapide ont su s'adapter aux attentes actuelles des consommateurs. On y trouve au menu des salades, des yaourts, des fruits et surtout de l'eau minérale.

7 Le vocabulaire de la classe

Die Richtlinien und Lehrpläne fordern von uns Lehrern, dass wir die Schüler vorrangig befähigen, in mündlichen Kommunikationssituationen zurechtzukommen. Dies bezieht sich nicht nur auf eventuelle zukünftige Sprecherrollen, sondern schließt auch die Kommunikation über aktuelle, die Klasse betreffende Alltagsanliegen ein. Die dazu benötigten Redemittel erwachsen aber leider nur selten aus Texten des Lehrwerks. In diesem Kapitel wollen wir Ihnen helfen, diese Anliegen, und zwar sowohl die des Lehrers – allgemeine Anweisungen, Hinweise bei Prüfungen, Lob und Kritik –, als auch diejenigen, die den Schülern helfen, ihre Bedürfnisse und Interessen im Unterricht auszudrücken, in französischer Sprache zu formulieren. Bei der Sprache der Schüler haben wir die Übersetzungen angegeben, sodass Sie diese Ausdrücke kopieren und den Schülern zum Lernen aushändigen können. Zuerst werden Sie Vokabellisten zu allen möglichen Schulsituationen finden, danach eine Reihe Übungen, die Sie fotokopieren können, um die geläufigsten Vokabeln oder Ausdrücke zu üben.

1 Les mots de l'école

1 Matières

Français
LV (langue vivante) allemand, anglais, espagnol
Mathématiques (maths)
Musique
Histoire/géographie/éducation civique
EPS (éducation physique et sport)
SVT (sciences de la vie et de la terre)
Technologie
Arts plastiques
Sciences physiques
Emploi du temps
Programme (Lehrplan)

2 Matériel scolaire

Dans le cartable

Cahier de texte (Hausaufgabenheft aber auch Klassenbuch)
Mot d'excuse (en cas d'absence)
Le cahier
La feuille
Le livre
Le livre d'exercices
Le cahier de brouillon
Le classeur
Le dictionnaire
Le carnet de vocabulaire
L'agrafeuse (f.) (Tacker)
La perforatrice (Locher)

Dans la trousse

Le feutre
Le stylo bille
Le crayon de papier/de couleurs
Le surligneur (Marker)
La cartouche (d'encre)
La gomme
La règle
L'effaceur (m.) /le correcteur (Tintenkiller)
Le stylo plume
Les ciseaux (m.)
Le tube de colle/la colle
Le ruban adhésif/scotch
Le compas (Zirkel)
L'équerre (f.)/le rapporteur (Geodreieck)
La calculette/calculatrice de poche

Dans la salle de classe

La chaise
La table
Le porte-manteau
La poubelle

Le bureau
Le tableau
L'armoire (f.)
L'étagère (f.)
Le balais/la balayette
Le poster
La craie
Le calendrier

L'équipement technique

Le lecteur laser (CD Player)
Le magnétophone
Le magnétoscope (Videorekorder)
La caméra vidéo
Le lecteur (de) DVD
Le projecteur vidéo (beamer)
Le rétroprojecteur (Tageslichtprojektor)
Le transparent (Folie)
La rallonge (Verlängerungskabel)
La multiprise (Mehrfachsteckdose)
L'ordinateur (m.)
L'écran (m.)
Le clavier
Les hauts-parleurs/les enceintes
Le logiciel
L'imprimante (f.)

3 Les bâtiments scolaires

La classe
Le secrétariat
La cour
Le CDI (centre de documentation et d'information)
La salle informatique
La salle des profs
Le bureau du/de la principal/e
Le gymnase
Le stade
La cantine
La cafétéria
La salle de permanence
Le foyer des élèves
L'infirmerie (f.)
Le laboratoire

4 Le personnel scolaire

Le/la proviseur dirige un lycée.
Le/la principal/e dirige un collège.
Le Conseiller Principal d'Education (CPE) s'occupe des absences et retards, de la vie scolaire en général.
Les surveillants surveillent les élèves pendant les récréations , les heures de permanence et à la cantine.
Les professeurs assurent les cours.
Le/la documentaliste s'occupe du CDI.

2 Expressions utiles pour les enseignants

1 Consignes générales

Livres et cahiers

- Prenez vos livres, cahiers (d'exercices/de brouillon)/vos devoirs/les copies que je vous ai distribuées la dernière fois/une feuille blanche/un stylo.
- Ouvrez vos livres à la page …/à la leçon …
- Regardez page …/l'image en haut/en bas/au milieu de la page, la photo/le dessin/la définition/l'explication/les notes explicatives/l'annotation en bas de page.
- On continue l'exercice/le texte de la page … que nous avons commencé la dernière fois.
- On lit le texte de la page …/Qui veut lire le texte ?/Qui commence à lire ?
- Qui veut distribuer les copies ?/Prends une feuille et passe les autres à ton/ta voisin/e.

Devoirs et exercices

- Quelqu'un/qui n'a pas fait ses devoirs ?
- Lis ton exercice/devoir/ce que tu as écrit, s'il te plaît.
- Est-ce que tu peux répondre à la question numéro …, s'il te plaît ?
- Commence à lire, s'il te plaît.
- D'accord/c'est bien, arrête-toi.
- Continue, s'il te plaît/à toi …
- Est-ce que c'est correct/bien/juste ? Qu'est-ce que tu en penses ?
- Quelle est la bonne réponse ?/Qu'est-ce qu'il faudrait dire ?

Le tableau

- Viens au tableau, s'il te plaît/va au tableau et complète la phrase/écris le mot en français.
- On ne peut pas lire/écris mieux/plus gros/plus petit/plus lisiblement.
- Ecris en haut/en bas/au milieu du tableau.
- Ferme/ouvre/baisse/monte le tableau.
- Efface le tableau/la partie supérieure/la partie inférieure du tableau.
- Est-ce que tu es sûr/e que c'est correct ? Vérifie l'orthographe/la terminaison.

Appareils audiovisuels

Le lecteur laser

- Va chercher l'appareil dans l'armoire/dans la salle de Mme/M. X.
- Pose l'appareil sur le bureau.
- Branche l'appareil près de la porte/de la fenêtre/du tableau.
- Baisse le son, c'est beaucoup trop fort.
- Mets plus fort, nous n'entendons rien.
- Appuie sur la touche « pause ». Parlons de ce que nous venons d'entendre.
- Eteins d'abord l'appareil puis débranche-le.

Le rétroprojecteur

- Mets le transparent bien au milieu. Il est trop haut/bas/il n'est pas droit.
- Le transparent est à l'envers.
- Ce n'est pas net/c'est flou.
- Viens et ajoute/complète la phrase/la colonne …
- Change de transparent./Passons au suivant.
- Eteins la lampe mais pas le ventilateur. L'ampoule est encore chaude.
- Fais/faites attention au projecteur.

Recommandations générales

- Ne touchez à rien/ne bousculez pas l'appareil.
- Laissez ça tranquille.
- Si tu casses l'appareil, c'est toi qui devras le payer.
- Est-ce que vous voyez tous bien ?
- Va chez M./Mme X et demande-lui si elle/il a encore besoin de l'appareil/ si elle/il veut bien nous prêter l'appareil.
- Va chercher la rallonge.
- L'appareil semble être cassé/en panne/l'appareil fonctionne mal.

2 Examens et devoirs sur table

Planifier un contrôle

- J'ai l'intention de/je prévois de/faire un contrôle/une interrogation écrite/ un DST (devoir sur table)/un test de vocabulaire à la fin de la semaine …
- Comme vous le savez, vous aurez un contrôle de français le … /sur le sujet …
- Vous devez passer votre examen le …
- Avez-vous d'autres DST la semaine prochaine ?
- Je vais faire une interrogation écrite le …

Disposition de la classe

- Assieds-toi là s'il te plaît.
- Viens ici et va t'asseoir à côté de .../au premier/deuxième rang/au fond de la classe.
- Séparez les tables.
- Ne rapprochez pas les tables.
- Remettez les tables comme elles étaient auparavant.

Consignes pendant l'examen

- Aujourd'hui nous sommes le ...
- N'oubliez pas d'écrire votre nom sur la copie.
- N'oubliez pas de laisser une marge suffisante pour les corrections.
- Vous pouvez écrire la réponse directement sur la feuille.
- Ecrivez lisiblement/proprement pour que je puisse lire.
- Si vous avez besoin de papier de brouillon, venez en chercher.
- Vous n'avez pas le droit d'utiliser le dictionnaire.
- Quand vous aurez fini, rendez-moi vos cahiers/copies et restez assis tranquillement à vos places/Vous pouvez lire/vous occupez en silence.
- Quand vous aurez rendu vos cahiers, quittez la salle sans bruit.

Expressions utiles avant et pendant l'examen

- Ne vous faites pas de souci/calmez-vous.
- Vous n'avez aucune raison de vous énerver.
- Répondez d'abord aux questions les plus faciles. Continuez par les questions les plus difficiles.
- Si vous ne comprenez pas les questions, vous pouvez me demander de vous les expliquer.
- Quand vous aurez fini, relisez bien/contrôlez/vérifiez ce que vous avez écrit.
- Vous avez beaucoup/assez de temps.

Rappel à l'ordre des tricheurs

- Arrête de parler et continue à travailler.
- Arrête de regarder la feuille de ton voisin.
- Lève-toi, qu'est-ce que tu as dans ta trousse/sous ta copie/sous la table/dans ta main ? Qu'est-ce que c'est que ça ?

- N'oublie pas qu'aider quelqu'un à tricher est la même chose que tricher soi-même.
- Tu sais très bien que si je te vois copier, je te mettrai un six.
- Donne-moi ta copie/ton cahier. Je ne tiendrai pas compte de ce que tu as écrit/je ne corrigerai pas ce que tu as écrit.

3 Eloges et critiques

Eloges

- C'est bien/très bien/parfait.
- C'était vraiment bien.
- Je suis très content/satisfait de ton travail/de ta participation au cours.
- Je vois que tu as travaillé/que tu as fait des efforts/que tu te donnes du mal.
- Tu fais des progrès/tu t'améliores régulièrement.
- Bravo, continue comme ça et tu auras une bonne note.
- C'est bien mais attention à l'orthographe/tu as oublié un détail important/un point essentiel.

Critiques

- Il faut que tu travailles plus sérieusement/systématiquement/avec plus de concentration.
- Je suis sûr/e que si tu voulais, tu pourrais mieux faire.
- Tu ne peux pas avoir une bonne note si tu n'es pas prêt/e à travailler plus/à participer au cours/à écouter plus attentivement pendant les cours.
- Tu as de bonnes idées mais tu fais trop de fautes de grammaire.
- Je considère l'oral comme étant aussi important que l'écrit.
- Ton travail écrit est satisfaisant/acceptable mais tu dois participer davantage au cours.
- Ton travail est de plus en plus mauvais/désordonné/décevant.
- Si tu ne changes pas d'attitude, tu vas avoir des problèmes.
- Est-ce que tu as bien compris ? Si tu continues, tu auras un 5/tu ne réussiras pas ton contrôle/ton examen/tu ne passeras pas dans la classe suivante.
- Ce sont les résultats de ton manque de travail. J'espère que tu vas changer ton attitude/que tu vas travailler davantage.
- Tu ne travailles pas et en plus tu gènes tes camarades.

3 Expressions utiles pour les élèves

Qu'est-ce qu'on dit …

… quand on arrive ou part	
Bonjour, Madame./Monsieur.	Guten Morgen/Guten Tag.
Excusez-moi, je suis en retard.	Tut mir leid, dass ich zu spät bin.
Excusez-moi, j'ai manqué mon bus/ le bus était en retard.	Tut mir leid, ich habe meinen Bus verpasst/ Der Bus kam zu spät.
Excusez-moi, j'ai oublié mon cahier/ mon livre.	Tut mir leid, ich habe mein Heft/Buch vergessen.
Excusez-moi, je n'ai pas fait mes devoirs.	Tut mir leid, ich habe meine Hausaufgaben nicht gemacht.
Quels devoirs on a ?	Was haben wir als Hausaufgaben auf?
Est-ce que nous faisons un test de vocabulaire demain ?	Machen wir morgen einen Vokabeltest?
A demain.	Bis morgen.
… quand il y a un problème	
Je ne me sens pas bien/je me sens mal.	Mir ist schlecht.
J'ai mal à la tête.	Ich habe Kopfschmerzen.
Est-ce que je peux ouvrir la fenêtre ?	Kann ich das Fenster öffnen?
Est-ce que je peux aller aux toilettes ?	Kann ich zur Toilette gehen?
Je n'arrive pas à me concentrer.	Ich kann mich nicht konzentrieren.
Est-ce que je peux sortir un moment à l'air frais ?	Kann ich kurz an die frische Luft gehen?
… quand on a besoin d'aide	
Pouvez-vous m'aider, s'il vous plaît ?	Können Sie mir – bitte – helfen?
J'ai une question.	Ich habe eine Frage.
Je ne comprends pas ça.	Ich verstehe das nicht.
Comment dit-on … en français/ en allemand ?	Was heißt … auf Französisch/auf Deutsch?
Que signifie le mot … ?	Was bedeutet das Wort … ?
C'est à quelle page ?	Auf welcher Seite bitte?
Je ne sais pas où nous en sommes.	Ich weiß nicht, wo wir sind.
Pouvez-vous écrire le mot au tableau, s'il vous plaît ?	Können Sie das Wort an die Tafel schreiben?
Pouvez-vous lever/baisser le tableau, s'il vous plaît. Je ne vois pas bien.	Können Sie bitte die Tafel hoch-/runterschieben. Ich sehe nicht gut.
Pouvez-vous répéter, s'il vous plaît ?	Können Sie das bitte wiederholen?
Excusez-moi, je ne sais pas.	Das weiß ich nicht.
Est-ce que je peux m'asseoir à côté de … ?	Kann ich mich neben … setzen?
Est-ce que je peux changer de place ?	Kann ich den Platz wechseln?

4 Exercices divers à photocopier

Comment dit-on ça en français ?

Ecris les réponses dans les bulles :

Sich entschuldigen, dass man seine Hausaufgaben nicht gemacht hat.

Um Hilfe bitten.

Sich entschuldigen, dass man etwas vergessen hat.

Sagen, dass man sich schlecht fühlt.

Sagen, dass man eine Frage hat.

Um Erlaubnis bitten, um das Fenster aufzumachen.

Sagen, dass man etwas nicht verstanden hat.

Bitten, etwas langsamer zu reden.

Bitten, etwas noch einmal zu sagen.

Bitten, etwas lauter zu sprechen.

Bitten, etwas zu buchstabieren.

Um Erlaubnis bitten, um zur Toilette zu gehen.

Le langage des profs

Levez-vous.	=	________________
________________	=	Setzt Euch hin.
Prenez vos livres.	=	________________
________________	=	Öffnet das Buch auf Seite ...
Taisez-vous.	=	________________
________________	=	Bitte, wiederhole es.
Qui peut traduire ça ?	=	________________
________________	=	Noch einmal.
Merci.	=	________________
________________	=	Bitte schön.
Efface le tableau, s'il te plaît.	=	________________
________________	=	Komm bitte zur Tafel.
Ecoutez bien.	=	________________
________________	=	Hebt den Finger.
Tous ensemble.	=	________________

Solutions : Steht auf!, Asseyez-vous., Nehmt eure Bücher!, Ouvrez vos livres à la page ..., Seid leise!, Répète s'il te plaît., Wer kann das übersetzen?, Encore une fois., Danke!, De rien., Wisch bitte die Tafel!, Viens au tableau., Passt auf!, Levez le doigt., Alle zusammen.

Dans la salle de classe, que dit le prof ou l'élève ?

1. Deux garçons arrivent en retard et parlent très fort.
   A Bonjour, vous arrivez les premiers.
   B Parlez moins fort s'il vous plaît.
   C Silence vous deux. Asseyez-vous vite.
   D Vous parlez français ?

2. Il fait très froid dans la salle de classe.
   A Ouvrez la fenêtre, s'il vous plaît.
   B Je voudrais une glace.
   C Pouvez-vous fermer la fenêtre.
   D Fermez les cahiers.

3. Le prof pose une question mais l'élève ne répond pas.
   A Est-ce que tu comprends la question ?
   B Bonne réponse. Bravo.
   C Je vais te poser une question.
   D Tu es la personne la plus intelligente de la classe.

4. C'est l'heure. Les cours vont se terminer dans un instant.
   A Aujourd'hui on va parler des trains.
   B Bon. Rangez vos affaires.
   C Bon. Sortez vos cahiers, s'il vous plaît.
   D Bonjour tout le monde. Asseyez-vous.

5. Un élève ne comprend pas les instructions du professeur.
   A C'est facile. Pas de problèmes.
   B Bon. Je vais commencer maintenant.
   C Pardon. Pouvez-vous expliquer ça encore une fois ?
   D Vous expliquez très bien, Monsieur.

6. Un élève veut écrire une lettre à son correspondant mais il a des difficultés.
   A Pas de problèmes, Monsieur.
   B Comment dit-on « Schöne Grüße » en français, Monsieur ?
   C J'ai écrit une lettre à mon copain français.
   D Le français, c'est facile.

Solutions : 1C, 2C, 3A, 4B, 5C, 6B

Qu'est-ce qu'il y a dans ma trousse ?

Ecris le numéro à côté des dessins puis relie les objets et leur utilisation :

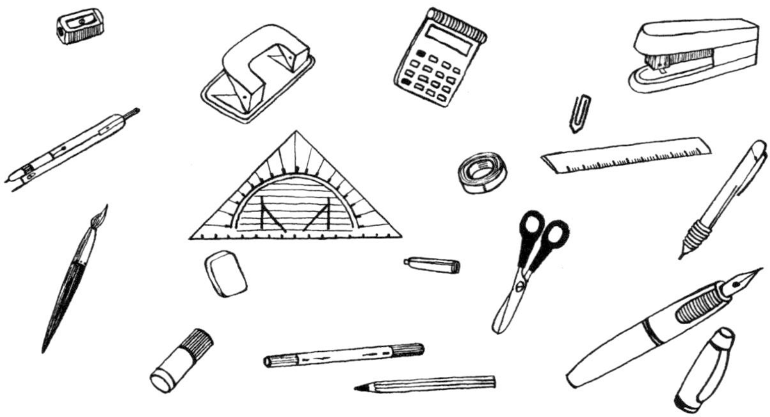

1. une équerre	a. pour calculer
2. le scotch	b. pour écrire
3. un taille crayon	c. pour reboucher le stylo
4. un compas	d. pour attacher les feuilles
5. une perforatrice	e. pour couper
6. un pinceau	f. pour coller
7. une calculette	g. pour effacer
8. un stylo plume	h. pour effacer
9. une cartouche d'encre	i. pour tracer des cercles
10. une règle	j. pour écrire
11. un correcteur	k. pour écrire
12. un capuchon	l. pour tracer des traits
13. un stylo bille	m. pour scotcher
14. des ciseaux	n. pour peindre
15. un trombone	o. pour faire des trous
16. un crayon	p. pour tailler les crayons
17. une gomme	q. pour mettre dans le stylo plume
18. une agrafeuse	r. pour mesurer les angles
19. un tube de colle	s. pour agrafer

Solutions : 1r, 2m, 3p, 4i, 5o, 6n, 7a, 8b, 9q, 10l, 11g, 12c, 13j, 14e, 15d, 16k, 17h, 18s, 19f

Phrases utiles 1 : Les phrases de l'élève

Découpez les phrases, mélangez-les et retrouvez la phrase française qui correspond à la phrase allemande.

1	Excusez-moi, j'ai oublié mon livre d'anglais à la maison.	Es tut mir leid, ich habe mein Englischbuch zu Hause vergessen.
2	Pouvez-vous répéter la question, s'il vous plaît ?	Können Sie bitte Ihre Frage wiederholen?
3	Je n'ai pas fait le bon exercice.	Ich habe die falsche Übung gemacht.
4	Mélanie prend toute la place.	Mélanie nimmt den ganzen Platz.
5	Je n'arrive pas à me concentrer.	Ich kann mich nicht konzentrieren.
6	Ce n'est pas juste !	Das ist unfair!
7	Je pense que c'est correct.	Ich glaube, es ist richtig.
8	Je suis d'accord avec Victor.	Ich stimme Victor zu.
9	Je ne suis pas d'accord avec toi.	Ich stimme Dir nicht zu.
10	Comment dit-on « Kreide » en français ?	Was heißt « Kreide » auf Französisch?
11	Vous pouvez venir, s'il vous plaît.	Können Sie bitte kommen?
12	Hugo copie sur moi !	Hugo guckt bei mir ab!

Phrases utiles 2 : Les phrases du prof

Découpez les phrases, mélangez-les et retrouvez la phrase française qui correspond à la phrase allemande.

1	Réponds à ma question, s'il te plaît.	Beantworte bitte meine Frage!
2	Ecoutez bien, c'est important.	Passt gut auf, es ist wichtig.
3	Taisez-vous un peu, il y a trop de bruit.	Seid bitte ruhig! Es ist zu laut.
4	Lis ce que tu as écrit, s'il te plaît.	Lies, was du geschrieben hast.
5	Regardez dans vos livres à la page ...	Schaut in Eure Bücher Seite ...
6	Arrête de te balancer sur ta chaise !	Hör auf mit Deinem Stuhl zu wippen!
7	Arrête de bavarder avec ton/ta voisin/e	Hör auf mit Deinem/r Nachbar/in zu schwatzen.
8	« girafe », comment ça s'écrit ?	Wie schreibt man das Wort „girafe"?
9	Arrêtez de bavarder !	Hört auf zu reden!
10	Qui veut lire ?	Wer möchte lesen?
11	Paul, regarde ta copie et pas celle de ton voisin !	Paul schau auf Dein Blatt und nicht auf das Blatt Deines Nachbarn.
12	Lève le doigt avant de répondre	Heb die Hand bevor Du antwortest.

Phrases utiles 3 : Au tableau

Découpez les phrases, mélangez-les et retrouvez la phrase française qui correspond à la phrase allemande.

1	Viens au tableau, s'il te plaît.	Komm bitte zur Tafel.
2	Tu peux effacer le tableau, s'il te plaît ?	Kannst Du bitte die Tafel wischen ?
3	Où est la craie de couleur ?	Wo ist die bunte Kreide?
4	Je peux aller chercher de la craie ?	Kann ich Kreide holen?
5	Je peux effacer le tableau ?	Kann ich die Tafel putzen?
6	C'est à moi d'effacer le tableau !	Ich habe Tafeldienst.
7	Pouvez-vous lever le tableau un peu plus haut, s'il vous plaît ?	Können Sie die Tafel etwas hochschieben?
8	Ecris plus gros, s'il te plaît !	Schreib bitte größer!
9	Peux-tu écrire plus lisiblement, s'il te plaît.	Kannst Du bitte deutlicher schreiben.
10	Prends la craie rouge et souligne les verbes !	Nimm die rote Kreide und unterstreiche die Verben.
11	Je n'ai plus de craie. Qui va en chercher ?	Ich habe keine Kreide mehr. Wer holt welche?
12	Où est l'éponge ?	Wo ist der Schwamm?

Trouvez le mot qui correspond à la définition.

1. Les élèves y jouent quand ils n'ont pas cours :
   la ______________________________

2. On y fait du sport :
   le ______________________________

3. On peut y manger :
   la ______________________________

4. On peut y faire ses devoirs :
   la ______________________________

5. On y va quand on est malade :
   l' ______________________________

6. On peut y discuter avec les copains :
   le ______________________________

7. On y joue au foot :
   le ______________________________

8. On y fait de la chimie :
   le ______________________________

9. On y travaille sur l'ordinateur :
   la ______________________________

10. Les cours y ont lieu :
    la ______________________________

Solutions : 1. la cour, 2. le gymnase, 3. la cantine, 4. la salle de permanence, 5. l'infirmerie, 6. le foyer, 7. le terrain de sport, 8. le laboratoire, 9. la salle d'informatique, 10. la salle de classe

Trouvez le mot qui ne va pas avec les autres :

1. Le contrôle – le cartable – le devoir sur table
2. La récréation – le tableau – le bureau
3. Les cours – les études – les surveillants
4. Le principal – le documentaliste – le libraire
5. L'ordinateur – le tableau – la craie
6. Le cahier – le livre – le collège
7. Le bulletin – le dictionnaire – la note
8. Le rétroprojecteur – le lecteur laser – la cassette
9. Le prof de tennis – le prof de maths – le prof d'histoire
10. La perforatrice – l'agrafeuse – l'équerre

Solutions : le cartable, la récréation, les surveillants, le libraire, la craie, le collège, le dictionnaire, la cassette, le prof de tennis, l'équerre

Qui fait quoi ?

1. Il/elle surveille les élèves pendant la récréation ou les heures de permanence. C'est : ____________________
2. Il/elle s'occupe des absences et des retards, de la discipline en général. C'est : ____________________
3. Les élèves apprennent beaucoup de choses avec eux/elles. Ce sont : ____________________
4. Il/elle prête des livres, des CD aux élèves. C'est : ____________________
5. Il/elle dirige le collège ou le lycée. C'est : ____________________

Solutions : le/la surveillant/e, le/la CPE ou conseiller principal d'éducation, les professeurs, le/la documentaliste, le/la principal/e ou le/la proviseur

8 Idées de livres, BD, DVD, chansons pour la classe

Unsere Auswahl ist weder systematisch noch repräsentativ. Sie ist geprägt von persönlichen Vorlieben und von unseren Erfahrungen mit dem, was sich in unseren Klassen als „machbar“ und „gut funktionierend“ erwiesen hat. Die Auswahl ist beschränkt auf französischsprachige Autoren, um das von ihnen dargestellte Milieu sowie Handlungs- und Empfindungsmuster der französischen Realität widerzuspiegeln. Die unterschiedlichen Medien sollen Neugier auf Land und Leute wecken sowie zum Vergleich mit Gegebenheiten oder Sichtweisen im eigenen Land herausfordern. Die Auflistungen erfolgen in alphabetischer Reihenfolge.

1 Livres

L'auteur : Jeanne Benameur

Jeanne Benameur est née en 1952 en Algérie. En 1958, ses parents, un père tunisien et une mère italienne, quittent l'Algérie pour la France. La famille s'installe alors à La Rochelle. Jeanne commence à rédiger des contes dès qu'elle sait lire et écrire. Elle écrit une première pièce de théâtre qu'elle met en scène avec des amis à 14 ans. Plus tard, elle devient enseignante et a envie d'écrire pour ses élèves. Aujourd'hui, Jeanne Benameur vit à Paris et consacre la plupart de son temps à l'écriture : théâtre, roman, poésie, nouvelles.

Résumé du livre : **Une heure, une vie**

Aurélie apprend la séparation de ses parents, elle est alors incapable de réagir, de comprendre ce qui se passe car elle ne s'y attendait pas du tout.

Ses parents font tout pour éviter les cris, le drame. Désormais tous les quinze jours, Aurélie prend le train pour aller voir son père. Dans ce moyen de transport, zone de transit, elle laisse libre cours à ses sentiments et, au gré des rencontres, elle se raconte en s'inventant une autre vie et d'autres malheurs .

Unsere Meinung: Dieser schöne Roman mit seinen kurzen Sätzen zeigt die Bruchstelle, zu der die Scheidung der Eltern bei Jugendlichen führt. Er wurde für den *Prix des lycéens allemands 2006* nominiert.
Wenn Sie mehr über den *Prix des lycéens allemands* wissen wollen: www.kultur-frankreich.de/prixdeslyceens
▶ Ab 10. Klasse

L'auteur : Pierre Bottero

Pierre Bottero naît le 13 février 1964 dans les Alpes. Il habite aujourd'hui dans un petit village de Provence, où il est enseignant dans une école primaire. Il est passionné par son métier. Son autre passion, ce sont les livres. Chez lui, il y en a partout et pour tout le monde. Il est marié et a trois filles, il aime aussi courir et faire du VTT. Ce n'est que récemment qu'il a commencé à écrire.

Résumé du livre : **Zouck**
La passion d'Anouck, dite Zouck, c'est la danse. Sa meilleure amie, Maiwenn partage cette passion jusqu'au jour où les deux adolescentes s'éloignent l'une de l'autre. Zouck, ne pensant plus qu'à perdre les quelques kilos qu'elle imagine de trop, se coupe du monde. Quant à Maiwenn, elle est follement amoureuse et se distancie de plus en plus.

Unsere Meinung: Ein realistischer, subtiler Roman, der mal lustig, mal traurig ist und den Leser immer berührt. Die Magersucht, ein in der Literatur eher wenig behandeltes Thema, wird hier sehr überzeugend behandelt.
▶ Ab 10. Klasse

L'auteur : Anna Gavalda

Anna Gavalda est née en 1970 à Boulogne-Billancourt, dans la banlieue parisienne. Elle lit beaucoup et aime écrire. En 1992, elle est lauréate du concours organisé par France Inter pour La Plus Belle Lettre d'amour. Ainsi commence pour elle l'aventure littéraire. Encouragée par ce premier succès, elle décide d'essayer de se faire publier. La maison d'édition « Le Dilettante » est la seule à lui offrir sa chance. Son premier recueil de nouvelles *Je voudrais que quelqu'un m'attende quelque part* reçoit le Grand Prix RTL-Lire en 2000 et est vendu en France à plus de 200 000 exemplaires et traduit dans 27 pays. Puis, en 2002, elle publie son premier roman *Je l'aimais*. Elle est divorcée et vit aujourd'hui avec ses deux enfants à Melun, où elle est documentaliste à mi-temps dans un collège. Elle écrit aussi des chroniques pour le magazine *Elle* et est membre du jury du Prix de la bande dessinée d'Angoulême.

Résumé du livre : **35 kilos d'espoir**
Non seulement Grégoire n'aime pas l'école mais il la déteste. Elle ne représente pour lui qu'ennui et angoisse. En plus, il y est nul, tellement mauvais qu'à treize ans il n'a pas dépassé la sixième. Pourtant, Grégoire n'est pas bête, il a même de nombreux talents ! Sa passion, c'est le bricolage. Il a plein d'idées originales et a inventé, par exemple, une machine à éplucher les bananes ou encore des chaussures à talon déplaçable pour marcher en montagne ! Son grand-père est la seule personne à le comprendre vraiment. Cependant, le jour où Grégoire est renvoyé du collège, le vieil homme se met en colère. Malgré tout, et grâce à ce modèle, Grégoire a le courage de se battre pour devenir quelqu'un. C'est-à-dire que, tout simplement, il accepte de grandir.

Unsere Meinung: Anna Gavalda gelingt es, in dieser berührenden Geschichte starke Gefühle und Emotionen differenziert und überzeugend zu beschreiben.
▶ Ab 10. Klasse

Résumé du livre : **Je voudrais que quelqu'un m'attende quelque part**
Ce premier livre publié par Anna Gavalda se compose de douze nouvelles. Les héros en sont tantôt des hommes, tantôt des femmes. Ils font souvent face à un tournant crucial de leur existence. Chaque personnage est en attente de quelque chose ou de quelqu'un, d'un signe du destin, d'un événement qui pourrait changer le cours de sa vie. La plupart des nouvelles sont écrites à la première personne et c'est un peu comme si on était présent et écoutait le témoignage de ces gens sur leur vie.

Unsere Meinung: Anna Gavalda erzählt die Geschichte von ganz alltäglichen Menschen. Sie tut es in einem gut lesbaren Stil, leicht und direkt, wobei sie den Menschen, die ihre Geschichten bevölkern, genügend Tiefgang lässt. Unsere Lieblingserzählung: *Le fait du jour.*

Das Buch ist auch als Hörbuch mit einer Audio-CD, Textbuch und CD-ROM verfügbar, auf der man die Texte hören und gleichzeitig am Bildschirm mitlesen kann.

▶ Ab 10. Klasse

L'auteur : Jean-Paul Nozière

Jean-Paul Nozière est né en 1943, dans le Jura. Il a fait des études d'histoire et de géographie à la Faculté de Dijon et est aujourd'hui documentaliste dans un collège en Côte d'Or. Son second métier, c'est écrire. Il a publié une trentaine de romans pour adolescents et jeunes adultes. Depuis quelques années, il a commencé à écrire des romans policiers pour adultes.

Résumé du livre : **Maboul à zéro**

La mère d'Aïcha, concierge dans un collège de la ville de Sponge, est très fière de sa fille qui, à 14 ans, passe son bac. Elle lui raconte alors son histoire en Algérie. C'est là qu'Aïcha découvre peu à peu sa propre histoire, celle de son frère et de sa folie.

Unsere Meinung: Dieser Roman, geschrieben kurz nach den Präsidentschaftswahlen 2002, enthüllt Intoleranz und Rassismus.

Das Buch wurde mit dem *Prix des lycéens allemands 2005* ausgezeichnet, einem Preis, der erstmalig nach dem Vorbild des *Prix Goncourt des lycéens français* verliehen wurde.

▶ Ab 10. Klassse

Les auteurs : Mikaël Ollivier/Raymond Clarinard

Mikaël Ollivier est né à Versailles en 1968. Après des études de musique, il a fait une école de cinéma. Il vit aujourd'hui à la campagne, près de Chartres, où il écrit des romans mais aussi des films pour le cinéma et la télévision. Il a déjà publié plusieurs livres en collaboration avec son ami Raymond Clarinard.

Résumé du livre : **E-den**

L'histoire se passe dans un futur proche, peut-être en 2030. Goran vit avec son père Serge, enquêteur international. A cette époque, on essaie de dépasser les limites, en matière de drogue également. La dernière sortie sur le marché est particulièrement dangereuse : l'E-den. Elle provoque la catalepsie des consommateurs ou leur mort. Serge est chargé de mettre fin à la catastrophe quand Mélanie, la fille d'un célèbre homme politique, en est aussi victime. Par hasard, Goran aperçoit Mélanie inconsciente et il tombe sous le charme de cette jeune fille transformée en statue.

Unsere Meinung: Ein faszinierender Roman, bei dessen Lektüre der Leser immer wieder von einer realen in eine utopische Welt wechselt und der allen Computerfreaks mit Sicherheit gefallen wird. Dieses Buch, ebenfalls für den *Prix des lycéens allemands 2006* nominiert, hat in Frankreich bereits mehrere Jugendbuchpreise bekommen.

▶ Ab 10. Klasse

L'auteur : Franck Pavloff

Franck Pavloff est né en 1944 en Bulgarie. Psychologue expert auprès des tribunaux pour enfants, il a travaillé avec des Organisations non gouvernementales à des programmes d'aide à l'enfance et à l'adolescence en Afrique et en Asie. Il écrit des livres aussi bien pour les adultes que pour la jeunesse. Il est également directeur de la collection *Poche souris noire* (romans policiers pour enfants) chez Syros.

Résumé du livre : **Matin Brun**

Charlie et son copain passent leurs journées, bien tranquillement, à jouer aux cartes et à boire de la bière. Ils assistent, en refusant de se poser des questions, à la mise en place d'un Etat brun. Insensiblement tout est mis au pas. Au moment où Charlie réalise qu'il aurait dû se méfier des Bruns, il est déjà trop tard.

Unsere Meinung: Diese Fabel wurde zum Zeitpunkt der Regionalwahlen 1998 geschrieben, als Abgeordnete der rechten Parteien sich mit Abgeordneten des Front National verbündeten. Sie verdeutlicht die Errichtung und den Aufstieg eines faschistischen Staates.

Den Text dieses kleinen Buches (12 Seiten) finden Sie auch im Internet, da der Autor auf seine Urheberrechte verzichtet hat. Überlegungen zum Einsatz im Unterricht finden Sie unter:

www.oberschulamt-stuttgart.de/gym/franz/brun_novelle/

▶ Ab 10. Klasse

L'auteur : Brigitte Sauzay

Brigitte Sauzay, ancienne interprète au Ministère des Affaires étrangères, a travaillé pour Valéry Giscard d'Estaing à qui elle avait déjà donné des cours d'allemand alors qu'il était encore au Ministère des Finances, puis elle a été l'interprète de toutes les rencontres Kohl-Mitterrand pour finalement devenir conseillère du Chancelier fédéral, Gerhard Schröder, pour les relations franco-allemandes. Elle a aussi été la co-directrice de l'Institut Berlin-Brandebourg pour la coopération franco-allemande en Europe fondé en 1993, à Genshagen, près de Berlin. A sa mort, en 2003, l'Office franco-allemand de la Jeunesse a donné son nom à un programme d'échange scolaire de trois mois.

Résumé du livre : **Retour de Berlin – Journal d'Allemagne 1997**
Retour à Berlin a parfois été comparé à l'œuvre de Madame de Staël, *De l'Allemagne*, paru en 1810. Le journal de Brigitte Sauzay, retraçant le quotidien de l'auteur durant l'année 1997, témoigne lui aussi de la parfaite connaissance qu'avait l'auteur de l'Allemagne et de la France. Des thèmes très variés y sont abordés et l'on peut y découvrir, au fil des petits chapitres, toutes les différences marquantes de nos deux cultures. « *Ce Journal d'Allemagne 1997*, intelligent et sensible, nous tend, à nous Allemands, un portrait de nous-mêmes instructif et stimulant. » (Richard von Weizsäcker, *Le Monde*, 03/04/1998)

Unsere Meinung: Ein wirklich kenntnisreicher und überzeugender Blick auf die beiden Länder. Besonders die Kapitel zu Frauen und Kindererziehung haben uns überzeugt.
▶ Ab 10. Klasse

L'auteur : Eric-Emmanuel Schmitt

Eric-Emmanuel Schmitt est né en 1960 à St.-Foy-les-Lyon. Il a d'abord étudié le piano à Lyon puis la philosophie à Paris. Il est actuellement l'un des auteurs de pièces de théâtre contemporains les plus joués en France et à l'étranger. *Oscar et la dame rose* est sa deuxième œuvre en prose après *Monsieur Ibrahim et les fleurs du Coran*.

Résumé du livre : **Oscar et la dame rose**
Oscar, 10 ans, est gravement malade, il est atteint d'un cancer et n'a plus que quelques jours à vivre. Comme il ne peut pas se confier à ses parents, il écrit des lettres à Dieu sur le conseil de la dame rose. Celle-ci lui propose un jeu où chaque jour qui lui reste à vivre comptera comme une décennie. Ainsi Oscar vit toute une vie en accéléré: la puberté, le premier amour, la crise de la quarantaine, la vieillesse. Oscar raconte tout cela à la fois avec tristesse et beaucoup d'humour dans ses lettres à Dieu.

Unsere Meinung: Metaphysische Erzählung, sehr anrührend, aber auch sehr humorvoll, die dazu verleitet, über das Leben nachzudenken.
▶ Ab 10. Klasse

Résumé du livre : **Monsieur Ibrahim et les fleurs du Coran**
Dans le Paris des années soixante, Momo, un garçon de treize ans, se retrouve sans famille, livré à lui-même. Son seul ami, Monsieur Ibrahim, l'épicier arabe et philosophe de la rue Bleue va lui faire découvrir la vie, les femmes, l'amour et quelques valeurs morales.

Unsere Meinung: Eine Parabel über Weisheit, Toleranz, Ergebenheit in das Schicksal, Güte und eine außergewöhnliche Freundschaft.
Dazu sind ein Hörbuch und der Film von François Dupeyron mit Omar Sharif verfügbar. Didaktisch-methodische Vorschläge unter:
www.lehrer-online.de
▶ Ab 10. Klasse

L'auteur : Rémi Stefani

Né à Cherbourg, d'origine corse, Rémi Stefani habite actuellement à Saint-Cloud, près de Paris. Il a deux enfants et 9 frères et sœurs. Il a travaillé dans la publicité et réalisé une cinquantaine de films publicitaires. Depuis quelques années, il se consacre surtout à l'écriture de romans. 29 *février* est son troisième livre.

Résumé du livre : **29 février**
Le 28 février, au volant d'un luxueux corbillard, Léo transporte la dépouille de Joseph Bardot, un grand patron. Il doit traverser la France, de Strasbourg à Saint-Jean-de-Luz. Soudain, en pleine campagne, le mort se met à taper dans son cercueil. Léo découvre que le mort est bien vivant. Le voyage ne s'annonce pas aussi tranquille qu'il l'avait imaginé. Est-on vraiment mort quand on est déclaré mort ? Un mort peut-il revivre ? Le voyage de Léo, chauffeur du corbillard, devient un véritable parcours de vie avec ce mort-vivant.

Unsere Meinung: Eine etwas verrückte Geschichte, ein Roadmovie mit viel Spannung und Humor, als Tagebuch geschrieben.
▶ Ab 10. Klasse.

L'auteur : Fred Vargas

Née à Paris en 1957, Fred Vargas a fait des études d'histoire et travaille maintenant comme archéologue au CNRS à Paris. Elle écrit ses romans policiers exclusivement quand elle est en vacances. Le roman *Pars vite et revient tard* a reçu le *Prix du roman policier allemand* en 2004.

Résumé du livre : **Salut et liberté**

Ce petit livre contient deux nouvelles : *Salut et liberté* et *La Nuit des brutes*. On y découvre le commissaire Adamsberg au cœur de deux enquêtes, à Paris. Il est d'abord question d'un curieux vieillard qui campe devant le commissariat du 5e et de lettres anonymes adressées à Adamsberg lui-même. Dans *La Nuit des brutes* nous suivons l'impassible commissaire dans une enquête sur la disparition d'une femme pendant la nuit de Noël.

Unsere Meinung: Die Personen im Werk von Fred Vargas sind überraschend und fesselnd, Helden und Versager gleichzeitig. Ihre Geschichten sind (oberflächlich gesehen) einfach und faszinierend. Mit diesen beiden Novellen, von denen die erste zunächst in *Le Monde* 1997 veröffentlicht wurde, lässt sich die Welt von Vargas besonders gut entdecken. Ist auch als Hörbuch verfügbar.

▶ Ab 10. Klasse

L'auteur : Bernard Werber

Bernard Werber est né en 1961, à Toulouse. Il écrit sa première nouvelle dès l'âge de sept ans. Après des études à l'Ecole Supérieure de Journalisme de Paris, il travaille, de 1984 à 1990, au *Nouvel Observateur* où il traite de tous les sujets scientifiques. Son premier roman *Les Fourmis* est publié par Albin Michel en 1991.

Résumé du livre : **Vacances à Montfaucon**

Un touriste s'inscrit pour un voyage au temps du Paris de 1666, une maison où les objets de tous les jours parlent, des lions aux gènes manipulés se transforment en animaux domestiques et enfin une météorite qui empeste un parc de Paris : tels sont les thèmes qui composent ce petit livre.

Unsere Meinung: Phantastische und außergewöhnlich gute Geschichten, die ein Entdecken der Welt des Bernard Werber ermöglichen. Vergangenheit und Zukunft werden miteinander verknüpft und es wird deutlich, wie groß die Abhängigkeit des Menschen von der Technik in Zukunft sein wird.
Dieses Buch ist auch als Hörbuch verfügbar.

▶ Ab 10. Klasse

2 Bandes dessinées ou « le 9ème art »

Philippe Geluck

Philippe Geluck (prononcer gueluck) est né en 1954 à Bruxelles. Il est à la fois dessinateur, comédien, homme de radio et de télévision. En 1983, il a créé *Le Chat* sur commande du quotidien belge *Le Soir*. Et depuis, le succès de ce célèbre animal a largement dépassé les frontières de son pays natal, on le retrouve en effet dans la presse internationale. Depuis 1992, Geluck participe régulièrement à des émissions de radio et de télévision en France.

BD: **Le Chat**

Le Chat tient une place à part dans le monde de l'édition : ce n'est pas vraiment du dessin de presse puisque Geluck ne traite pas l'actualité et ce n'est pas non plus de la BD puisqu'il ne raconte pas une histoire. Il joue sur les mots et les astuces de langage en utilisant toutes les formes d'humour. Les albums du Chat se sont déjà vendus à plusieurs millions d'exemplaires.

Unsere Meinung: *Le Chat* ist richtig lustig und nie bösartig. Wenn Sie mehr über *Le Chat* und Philippe Geluck wissen wollen: www.geluck.com
Unterrichtsmaterial zum Herunterladen: www.casterman.com/zine
▶ Ab 9. Klasse

Stéphane Heuet

Stéphane Heuet est né à Brest en 1957. Il passe son enfance dans sa ville natale puis entre au collège militaire et passe quelques années dans la marine. Il change d'orientation et travaille ensuite comme directeur artistique dans la publicité pendant une quinzaine d'années. Il réalise alors quelques bandes dessinées publicitaires et des dessins pour des génériques TV. Un jour, il lit Marcel Proust et c'est pour lui une révélation : « quand j'ai lu *A la recherche du temps perdu*, j'ai trouvé cela très visuel ». Il décide de mettre l'œuvre de Proust en images et crée ainsi une des premières BD littéraires.

BD: **A la recherche du temps perdu**

Dans ce premier album, il s'agit de l'enfance de Proust à Combray où l'on retrouve le fameux épisode de la madeleine. La BD permet de conserver l'écriture de Proust, son style, son esthétique tout en y ajoutant des images et en recréant un univers et une culture aujourd'hui disparus. Le texte est bien sûr simplifié mais reste cependant extrêmement fidèle. Trois albums sont actuellement parus, sept sont prévus.

Unsere Meinung: Dies ist zweifellos eine gute Art und Weise, einem jungen Publikum ein literarisches Werk auf einfache Art näher zu bringen.

▶ Ab 11. Klasse

Jacques Tardi

Jacques Tardi est né en 1946 à Valence. Comme son père est militaire de carrière, Tardi passe son enfance dans l'Allemagne de l'après-guerre. Une autre guerre hante ses rêves d'enfant, celle de 14–18 à laquelle son grand-père a participé et qui deviendra un des thèmes d'inspiration majeurs de son oeuvre. Après des études à l'Ecole des beaux-arts de Lyon, puis aux Arts décoratifs de Paris, il débute, en 1969, dans l'hebdomadaire Pilote. En 1972, sa première longue histoire, *Rumeurs sur le Rouergue*, est publiée. En 1976, Jacques Tardi entre chez l'éditeur de BD Casterman et commence le cycle des *Aventures extraordinaires d'Adèle Blanc-Sec*. En parallèle, Tardi adapte les romans de Léo Malet avec les aventures de Nestor Burma et réalise d'autres adaptations qui toutes remportent un large succès (*Le der des ders* avec Daeninckx sur la guerre de 1914, *Le cri du peuple* avec Vautrin sur l'histoire de la Commune de Paris).

BD: 120 rue de la gare

Le détective Nestor Burma, prisonnier dans un camp de travail en Allemagne, assiste à la mort d'un amnésique seulement connu sous le nom de X, qui lui confie avant de mourir le prénom d'Hélène et une adresse : 120, rue de la Gare. Peu après, libéré du camp et arrivé à Lyon par le train, Burma retrouve par hasard son ancien collaborateur Bob Colomer à la gare de Perrache. Mais les retrouvailles sont de courte durée. Colomer meurt lui aussi, victime d'une fusillade. Ses derniers mots à l'adresse de Burma sont : 120, rue de la Gare. C'est le début d'une enquête qui débute à Lyon et amènera Burma en Zone occupée, pour trouver les raisons qui se cachent derrière la mort de ces deux personnages.

Unsere Meinung: Die Nestor Burma-Serie, erdacht von Léo Malet und in Zeichnungen umgesetzt von Tardi, spielt im besetzten oder gerade befreiten Frankreich, meistens in Paris oder Lyon. Die Zeichnungen mit vergleichsweise klarem Strich sind realistisch und ausdrucksstark, die Sprache ist zeitgemäß. Die handelnden Personen sind überzeugend dargestellt. Dies sind wirklich Qualitätscomics, und zwar sowohl im Hinblick auf den Spaß, den man bei der Lektüre hat, als auch im Hinblick auf die Menge an Wissen, das sie vermitteln. *120 rue de la gare* ist einer der besten Comics von Tardi und

sicher auch die beste zeichnerische Umsetzung der Romane von Léo Malet. Die Zeit der deutschen Besetzung wird ebenso gut vermittelt wie die Haltung des Maréchal Pétain und die Einstellung der Mehrzahl der Franzosen in dieser trüben Zeit.
Mehr über die Welt von Nestor Burma und Tardi erfahren Sie auf einer sehr gut gemachten Seite des Verlags Casterman: www.casterman.com/burma
▶ Ab 11. Klasse

Tito

Né le 4 mai 1957 à Tolède (Espagne), Tito, Tiburcio de la Llave, arrive enfant, en France, dans la région parisienne où il vit encore aujourd'hui. Il étudie l'art graphique au lycée de Sèvres et publie ses premières bandes dessinées dans le fanzine (magazine de BD) Cyclone qu'il a lui-même créé. En 1982, les premiers épisodes de *Tendre Banlieue* paraissent dans Okapi, magazine pour les jeunes, public auquel Tito a choisi de s'adresser. 17 albums vont suivre. Tito y dépeint les différents aspects de la vie de banlieue, ses cités, ses quartiers et ses clans. Tous les thèmes (accident, amitié, amour, drogue, préjugés, violence, sida, voyage, etc.) qui touchent les adolescents y sont abordés avec justesse, sans mièvrerie. En 2004, plusieurs albums de la série sont sortis sous forme de nouvelles, ce qui permet de travailler sur les deux formes d'écriture : BD et roman.
Pour tout savoir sur Tito et *Tendre banlieue* :
www.casterman.com/tito/themes

BD: **Le bahut** (le lycée en langue familière)
Dans cet album, Tito fait la chronique de la vie quotidienne d'un collège. Il y dépeint les petits et les grands problèmes des jeunes qui le fréquentent. Il y a Cathy, dont la mère est atteinte d'un cancer, qui se renferme sur elle-même et refuse toute aide. Il y a José, le souffre-douleur des « grands », qui est injustement accusé de vol et se défend comme il peut. Il y a enfin Patricia, la pionne, qui essaie d'aider Cathy à sortir de son silence et d'éviter à José d'autres humiliations.

Unsere Meinung: Jugendliche identifizieren sich sofort mit den Personen der Geschichte. Die sehr klaren und präzisen Zeichnungen von Tito ermöglichen es, eine typisch französische Umgebung zu visualisieren und die Schüler aufzufordern, Vergleiche mit ihrer eigenen Umgebung anzustellen.
▶ Ab 8. Klasse

Zep

Zep, dont le vrai nom est Philippe Chappuis, est né en Suisse en 1967. Dès l'enfance, il passe son temps à dessiner et inventer des histoires. A 14 ans, il publie déjà régulièrement ses dessins dans la presse suisse. A 18 ans, il collabore au fanzine belge, Spirou et commence à dessiner ses premiers albums. Parallèlement, il fait des études aux Arts Déco de Genève dont il sort diplômé. Il vit aujourd'hui à Genève.

BD : **Titeuf**

En 1992, Zep dessine des souvenirs d'enfance sur un carnet de croquis. C'est ainsi que, par hasard, Titeuf naît. Le succès est tout de suite au rendez-vous et ce petit personnage devient rapidement un véritable phénomène du monde de l'édition avec plus de cinq millions d'albums vendus jusqu'à aujourd'hui. Titeuf est à la fois le héros et le témoin de sa génération. Il se pose les mêmes questions que tous les enfants et rend ainsi compte du monde actuel sans moralisme ni simplisme. Il est curieux, gaffeur, turbulent mais n'oublie jamais les copains. Il est en même temps drôle, grave et poétique.
Zep a reçu de nombreux prix pour Titeuf : *Prix de l'Humour* en 1993 à Sierre, *Prix Livres Hebdo Jeunesse* 1995 et, en 1996, *Prix Alph Art Jeunesse* à Angoulême et *Prix du Public* à Sierre. Depuis avril 2001, Titeuf est aussi devenu la vedette d'une série de dessins animés. Enfin, en 2002 et 2003, Titeuf a été choisi par Handicap International pour devenir le totem des 20 ans de cette ONG *co-Prix Nobel de la Paix*.

Unsere Meinung: Dieser Comic ist für 11- bis 13-Jährige gedacht. Die Sprache ist eher schwierig, weil viel umgangssprachlicher Wortschatz enthalten ist, aber es kann interessant sein, diesen Comic im Internet zu entdecken. www.titeuf.fr

▶ Ab 6.–7. Klasse

Hannah et Chloé

Résumé : Hannah est enceinte de Kamil, le frère de son amie Chloé dont elle a fait la connaissance lors d'un échange scolaire. Elle se trouve confrontée á la décision suivante : cet enfant à naître doit-il grandir en Allemagne, à Berlin ou en France, à Montpellier ? Elle cherche conseil auprès de son amie Chloé et c'est l'occasion pour les deux amies de se rappeler leur enfance et leur adolescence.

Zum Projekt: Dieses deutsch-französisches Comicprojekt wurde zum 40. Geburtstag des Deutsch-Französischen Jugendwerks initiiert mit seinen Partnern, der Ceméa (Centre d'Entraînement aux Méthodes d'Education Active), der BKJ (Bundesvereinigung Kulturelle Jugend Bildung) und der Jugendkunstschule ATRIUM (Berlin).
Sechszehn Jugendliche und Multiplikatoren aus Deutschland und Frankreich haben unter Anleitung von vier Zeichnern Farid Boudjellal, Franco, Mawil und Tobias Deicke eine Comicgeschichte erarbeitet, die die unterschiedlichen Lebenssituationen und -umfelder in beiden Ländern auf charmante Weise darstellt.
Das Album ist zweisprachig. Dazu gibt es ein pädagogisches Begleitdossier mit vielen Ideen, um diese Comicsgeschichte im Unterricht einzusetzen.
Das Album kann man über Ceméa und den Verlag Tartamudo beziehen (ISBN: 2-910867-20-X), publications@cemea.asso.fr, www.cemea.asso.fr, www.tartamudo.fr

3 DVD

Auch unsere Auswahl an Filmen auf DVD ist willkürlich, jedoch gehen wir davon aus, dass sie Frankreich in seiner Vielfalt spiegelt. Außerdem haben wir sie mit Erfolg in unseren Klassen eingesetzt. Alle hier aufgeführten Filme sind auf DVD verfügbar. Das erleichtert ihren Einsatz im Unterricht, da sie mit und ohne Untertitel gezeigt werden können oder auch zwischen der deutschen und der französischen Fassung gewechselt werden kann.

Astérix et Obélix : mission Cléopâtre

Film français de 2002, 1 heure 47 minutes
Réalisateur : Alain Chabat

Synopsis : Pour défier l'Empereur romain Jules César, Cléopâtre, la reine d'Egypte, décide de construire en trois mois un magnifique palais dans le désert. Si elle réussit, César devra reconnaître publiquement que le peuple égyptien est le plus grand de tous les peuples. Pour réaliser son projet, Cléopâtre fait alors appel à Numérobis, un architecte de renom plein d'énergie. S'il y arrive, elle le couvrira d'or. En cas d'échec, son corps sera jeté en pâture aux crocodiles. Conscient de la difficulté du défi, Numérobis demande

de l'aide auprès de son vieil ami Panoramix. Le druide part alors pour l'Egypte, accompagné d'Astérix et Obélix. De son côté, Amonbofis, l'architecte officiel de Cléopâtre, jaloux que la reine ait choisi Numérobis pour construire le palais, va tout faire pour mettre des battons dans les roues de son concurrent.
Ce film à grand budget a mobilisé 500 ouvriers pour les décors marocains, 2 000 figurants, plus de 11 kilomètres de tissus pour les costumes, 5 000 sandales, une douzaine de perruques pour Monica Bellucci et 1 500 pour les autres rôles.

Unsere Meinung: Dies ist eine der besten Verfilmungen von Asterix. Der Film erinnert stark an Comics, er ist lustig, temporeich, die meisten Schauspieler sind sehr bekannt, er enthält zahllose Geistesblitze. Er zieht selbst ein Publikum in seinen Bann, das sich im allgemeinen weniger fürs Kino interessiert.
▶ Ab 7. Klasse

Bécassine – Le Trésor Viking

Dessin animé français de 2001, 45 minutes
Réalisateur : Philippe Vidal
Bécassine est un personnage de bande dessinée apparu pour la première fois dans *La Semaine de Suzette*, un magazine pour fillettes, en février 1905. Ce sont les aventures et mésaventures d'une petite Bretonne qui arrive à Paris pour servir comme bonne.

Synopsis : Bécassine quitte sa Bretagne bien aimée et débarque à Paris pour s'occuper de la petite Charlotte. La mère de cette dernière, mariée à Edmond, un photographe parti en reportage au pôle Nord, s'apprête à partir pour Venise et participer à un concours de sculpture. Mais apprenant la disparition soudaine et inexpliquée d'Edmond, Bécassine et Charlotte se lancent à sa recherche. Elles se retrouvent entraînées malgré elles dans des aventures périlleuses et extraordinaires de Marseille à l'Espagne en passant par la Laponie.

Unsere Meinung: Die Verfilmung bleibt der Bécassine treu und versetzt sie trotzdem ein wenig in die Gegenwart. Die Geschichte ist spannend und enthält viele überraschende Wendungen. Muriel Robin als Stimme von Bécassine ist wunderbar. Ein Comic, der jungen Zuschauern eine Alternative zu Disney eröffnet.
▶ 5.–7. Klasse

Les choristes

Film français de 2004, 1 heure 35 minutes
Réalisateur : Christophe Barratier

Synopsis : En 1948, Clément Mathieu, professeur de musique sans travail, accepte un poste de surveillant dans un internat pour enfants difficiles. Le système éducatif basé sur la discipline et la répression appliqué par le directeur bouleverse Mathieu. En entendant un enfant chanter, il a alors l'idée d'initier ces enfants à problèmes à la musique et au chant choral pour transformer leur quotidien. Cette histoire est inspirée de celle de *La Cage aux rossignols*, un film que Jean Dréville avait réalisé en 1945.

Unsere Meinung: Ein sehr schöner Film, sowohl im Hinblick auf die Musik als auch die Darstellung der Gefühle. Die Darsteller sind keine Berufsschauspieler, spielen aber sehr gut. Das gilt besonders für die Hauptrolle, die von Michel Jugnot besonders ergreifend gespielt wird. Hiermit können Kinder aller Altersstufen sich identifizieren.

▶ Ab 8. Klasse

La Fracture du myocarde

Film français de 1991, 1 heure 40 minutes
Réalisateur : Jacques Fansten

Synopsis : Le comportement de Martin change soudain radicalement. Il ne parle plus, ne rit plus. Ses copains en découvrent la raison : sa mère vient de mourir et il a peur de se retrouver à l'Assistance Publique. Ses copains vont l'aider à cacher son secret.

Unsere Meinung: Ein sehr guter Film, der wunderbar und ohne jede moralische Anmaßung zwei Welten beleuchtet: die zweckorientierte und konformistische der Erwachsenen und diejenige der Schüler eines Collège, die sich solidarisch verhalten.

La Fracture du myocarde ist als Schullektüre mit dem gleichen Titel beim Klett-Verlag verfügbar (ISBN: 3-12-592010-8).

▶ 7.–8. Klasse

Le Gone du Chaâba

Film français de 1998, 1 heure 36 minutes
Réalisateur : Christophe Ruggia

Synopsis : Cette histoire se passe en France dans les années soixante. Quelques familles algériennes ont fui la pauvreté et la guerre dans leur pays d'origine et se retrouvent dans un bidonville de la banlieue de Lyon, appelé le Chaâba. Malgré la pauvreté de ses parents, Omar, 9 ans, va à l'école et s'instruit. Il fait le dur apprentissage de l'intégration, déchiré entre deux mondes : le Chaâba, ce petit morceau d'Algérie, et la France.

Unsere Meinung: Es handelt sich um einen sehr guten Film über Immigration und Integration, der dem Zuschauer auch die Entstehung der HLM und der Vorstädte begreiflich macht. Es ist eine sehr schöne Geschichte mit fesselnden Figuren. Parallel dazu lässt sich auch das Buch von Azouz Begag im Unterricht einsetzen.

▶ Ab 8. Klasse

Hop

Film belge de 2002, 1 heure 42 minutes
Réalisateur : Dominique Standaert

Synopsis : Justin est un jeune Africain de 13 ans. Il vit à Bruxelles avec son père, mais dans l'illégalité. Ils n'ont pas de papiers et le père de Justin va être expulsé. Le jeune garçon trouve refuge chez un vieil anarchiste qui va utiliser tous les moyens, même les plus inattendus, pour aider Justin à retrouver son père.

Unsere Meinung: Ein sehr schöner, wirklich aktueller Film, gleichermaßen ergreifend wie komisch. Die Atmosphäre, die hier entsteht, wird durch den Schwarz-Weiß-Film noch verstärkt. Die Darsteller spielen mit sehr großem Feingefühl und Authentizität. Besonders der junge Schauspieler ist toll.

▶ Ab 7. Klasse

Jour de fête

Film français de 1949, 1 heure 16 minutes
Réalisateur : Jacques Tati

Synopsis : Une fête foraine s'installe dans le calme village de Folainville. Parmi les attractions, il y a un cinéma ambulant où François, le facteur, découvre un film documentaire sur le système postal aux Etats-Unis. Il décide alors de distribuer le courrier « à l'américaine ».

Unsere Meinung: Tati ist eine Art französischer « Chaplin », ein komisches Genie des französischen Films. Mit diesem Film hat Tati einen Stil kreiert, der viele Filmemacher inspiriert und das komische Genre der damaligen Zeit bereichert hat. Hier werden visuelle Gags kunstvoll mit Sozialkritik verbunden. Dieser Klassiker bringt uns noch immer zum Lachen, und da es nur wenige Dialoge gibt, ist er sehr einfach zu verstehen und kann als Basis für unterschiedlichste Übungen zum Sprechen und Schreiben genutzt werden.

▶ Ab 7. Klasse

Kirikou et la sorcière

Dessin animé français de 1998, 74 minutes
Réalisateur : Michel Ocelot

Synopsis : Le minuscule Kirikou vient au monde dans un village d'Afrique sur lequel une sorcière a jeté un terrible sort : les sources sont taries et les hommes du villages disparaissent mystérieusement. A peine sorti du ventre de sa mère, Kirikou met toute son énergie à délivrer le village de l'emprise maléfique de Karaba, la cruelle mais superbe sorcière. Grâce à son grand-père, il découvre aussi le secret de la méchanceté de celle-ci et l'en délivre avant de la demander en mariage.

Unsere Meinung: Dieser Zeichentrickfilm ist für dieselbe Altersstufe geeignet wie Bécassine. Kirikou ist klein, süß, lustig, er hat weder Zauberstab noch Laserstrahl. Die Schrift ist einfach, klar und gut gemacht, Gleiches gilt für die Geräuschkulisse. Die Figuren wurden von Afrikanern synchronisiert, was den Dialogen Authentizität verleiht und es ermöglich, den Schülern andere Akzente des Französischen näher zu bringen. Die Musik von Youssou N'Dour ist herausragend und wird regelrecht zum Ohrwurm.
Dieser Zeichentrickfilm ist für dieselbe Altersstufe geeignet wie Bécassine.

▶ 5.–7. Klasse

La prophétie des grenouilles

Film français d'animation de 2003, 1 heure 30 minutes
Réalisateur : Jacques-Rémy Girerd

Synopsis : Les grenouilles ont un sens de la météorologie très poussé. C'est bien connu. C'est pourquoi elles sont averties qu'un nouveau déluge va s'abattre sur la terre. Elles décident alors de rompre leur vœu de mutisme à l'égard des êtres humains. L'eau engloutit tout, sauf la ferme de Ferdinand. Mais ce n'est pas facile de faire cohabiter animaux et humains, carnivores et herbivores. C'est ce à quoi s'emploie Ferdinand, le Noé d'aujourd'hui, car dit-il, on a tous besoin des autres. Humains et animaux sont entraînés dans le tourbillon d'une formidable aventure.

Unsere Meinung: *La Prophétie des grenouilles* ist eine beunruhigende und sehr spannende Fabel über die Arche Noah. Ihre Stimmen liehen Michel Piccoli, Anouk Grinberg, Annie Girardot, Michel Galabru, Laurentine Milébo.
▶ Ab 5. Klasse

Les quatre cents coups

Film français de 1959, 1 heure 33 minutes
Réalisateur : François Truffaut

Synopsis :
Les quatre cents coups raconte l'histoire d'Antoine Doinel, un adolescent de 14 ans à la recherche de lui-même et de sa place dans la société. Il a des problèmes à l'école et avec ses parents qui s'intéressent peu à lui, il vole, il fugue. Son seul réconfort est de faire les quatre cents coups avec son ami René, de faire l'école buissonnière pour aller au cinéma, sa passion.
Ce premier film de François Truffaut est devenu un film culte et emblématique de la nouvelle vague. Il a été primé dans de nombreux festivals, notamment celui de Cannes en 59, pour la meilleure mise en scène. *Les quatre cents coups* est un film largement autobiographique. Truffaut lui-même a connu une enfance difficile au point d'être enfermé dans le centre d'observation des mineurs à Villejuif. Comme son héros, il vivait avec sa mère et son beau père. Le cinéaste s'est également servi d'anecdotes de l'enfance de son ami Robert Lachenay et de son interprète Jean-Pierre Léaud.

Unsere Meinung: Ein großartiger, leichter und zärtlicher Film über die Kindheit: Spiele, Fluchten, Kinovorstellungen, Schuleschwänzen. Jean-Pierre Léaud verleiht Antoine Doinel seine ganze Frische. Zwar wurde der Film im

Paris der 50er Jahre gedreht, aber an Frische hat er nichts eingebüßt, und er bleibt ein Zeugnis der Geschichte des französischen Films. Deshalb haben wir ihn ausgewählt.

▶ Ab 10. Klasse

Les triplettes de Belleville

Film canadien, belge, français de 2003, 1 heure 20 minutes
Réalisateur : Sylvain Chomet

Synopsis : Madame Souza, une petite grand-mère sympathique, a l'idée d'offrir un vélo à son neveu qui s'ennuie. Champion, c'est le prénom de celui-ci, s'entraîne avec passion jusqu'au moment où la « mafia française », remarquant le futur champion, l'enlève lors de son premier tour de France. Madame Souza, accompagnée de son fidèle chien Bruno et de trois vieilles dames, les Triplettes, brave tous les dangers, se lance dans une folle course poursuite pour libérer son neveu.

Unsere Meinung: Ein Zeichentrickfilm ohne Dialoge mit sehr viel Humor, Zärtlichkeit, fesselnden und originellen Figuren. Die Zeichnungen sind düster und trotzdem sehr schön. *Les triplettes de Belleville* zeigen die einfachen, aber warmherzigen Verhältnisse der kleinen Leute im Frankreich der 50er und 60er Jahre ebenso wie die Pariser Stadtlandschaften.

▶ Ab 10. Klasse

4 Chansons

Chansons stellen einen besonders günstigen Zugang zu Landeskunde (alternativ: Kulturgeschichte) und Literatur dar. Dank der Musik ist ein Text häufig einfacher zu verstehen oder eine Atmosphäre einfacher heraufzubeschwören. Wenn man nicht die Möglichkeit hat, französische Radiosender zu hören, ist es jedoch nicht einfach, im Bereich der französischen Musik auf dem Laufenden zu bleiben. Wir schlagen Ihnen hier einige « neue » Interpreten vor. Um Ihnen zu helfen, sie zu entdecken und sie Ihre Schüler entdecken zu lassen, bieten wir Ihnen neben einer kurzen Beschreibung ihrer Musik einen Hinweis auf die Website, auf der Sie die Texte der jeweiligen Chansons finden.

Amadou & Mariam: Sie singen seit dreißig Jahren. Man hat sie oft « Das blinde Paar aus Mali » genannt. Nach großem Erfolg in Afrika haben sie sich auch auf der internationalen Szene durchgesetzt.
Offizielle Website: http://www.amadou-mariam.com

Albin de la Simone: Diesen Autor, Komponist, Musiker und Sänger kennzeichnet ein bissiger, kauzig-komischer Stil. Er wurde von Boris Vian beeinflusst. Seine Chansons sind einzigartig und spielen mit Kontrasten.
Offizielle Website: http://www.albindelasimone.com

Beautés vulgaires: Die Gruppe kommt aus Toulouse, Mischung aus Rock und Funk, mit schönen Melodien, die manchmal auch vom Akkordeon begleitet werden.
Offizielle Website: http://beautesvulgaires.free.fr/accueil2.html

Benjamin Biolay: Dieser Chansonsänger schreibt, komponiert und interpretiert nicht nur selbst, sondern er arrangiert seine Chansons auch. Er hat sich nach und nach zu einem der beliebtesten Autoren seiner Generation durchgesetzt.
Offizielle Website : http://www.benjaminbiolay.com
Chanson-Texte : http://www.paroles.net/artis/1120

Bénabar: Dieser Sänger wollte Filmemacher werden, hat aber dann seinen Weg im realistischen Chanson gefunden. Er wurde von Jacques Brel ebenso beeinflusst wie von Georges Brassens, Jacques Higelin und Renaud. Die Darstellung von Gefühlen und kurze Geschichten gelingen ihm besonders gut.
Offizielle Website de Bénabar: http://www.benabar.com
Chanson-Texte: http://www.paroles.net/artis/2096

Carla Bruni: Diese Künstlerin war zunächst Mannequin. Als Chanson-Sängerin startete sie im Jahre 2002. Sie schreibt und komponiert die meisten ihrer Chansons selbst.
Offizielle Website:
http://www.naive.fr/artiste_coll.php?id=102
Chanson-Texte:
http://www.paroles.net/artis/2549

Francis Cabrel: Dieser Sänger ist ein typischer Repräsentant des französischen Chansons der 80er Jahre. Er ist immer aktuell geblieben, und seine Texte lassen sich im Unterricht gut einsetzen.
Offizielle Website: http://www.franciscabrel.com
Chanson-Texte: http://www.paroles.net/artis/1164

Vincent Delerm: Er besingt die kleinen Freuden des Alltags auf eine sehr sorgfältige Art. Aus seiner eigenen Sicht sind seine Chansons dem « Rive gauche » zuzuordnen. Er ist auf der Suche nach der Leichtigkeit der Dinge.
Offizielle Website: http://www.vincentdelerm.com
Chanson-Texte: http://www.paroles.net/artis/3010

Stéphane Eicher: Schweizer Sänger, Gitarrist und Pianist, der auf Deutsch genauso gut singt wie auf Englisch und Französisch. Sein Spektrum reicht von synthetischem Pop bis zum Folk-Rock und er nimmt auf der internationalen Szene einen bedeutenden Platz ein.
Offizielle Website: http://www.stephaneicher.com
Chanson-Texte: http://www.paroles.net/artis/1328

Thomas Fersen: Thomas Fersen hat eine zarte und spöttische Stimme. Sein Talent wird oft mit dem des Lyrikers Jacques Prévert verglichen.
Offizielle Website: http://membres.lycos.fr/tfersen
Chanson-Texte: http://www.paroles.net/artis/1365

Jean-Jacques Goldmann: Jean Jacques Goldmann ist auf der französischen Szene nahezu allgegenwärtig, sei es dass er selbst singt oder für andere schreibt (Céline Dion, Patricia Kaas, Khaled …). Dabei ist er bescheiden geblieben und sein Publikum bleibt ihm über die Maßen treu.
Offizielle Website: http://enpassant.jean-jacques-goldman.com
Chanson-Texte: http://www.paroles.net/artis/1415

Françoise Hardy: Sie wird für ihre nostalgischen Chansons geliebt, für ihre geheimnisvolle und nach innen gerichtete Seite.
Offizielle Website:
http://www.gainsbourg.org/vrsn3/html/zooms/francoisehardy
Chanson-Texte: http://www.paroles.net/artis/1440

Nicolas Jules: Nicolas Jules ist ein lustiger und sehr fesselnder Sänger. Er ist gerade dabei, sich seinen Platz im französischen Chanson zu sichern.
Offizielle Website: http://www.chez.com/nicolasjules

Kyo: Der Name der Gruppe leitet sich von den japanischen Mangas ab. Ihr Stil ist eher dem Rock zuzuordnen, der durch den Grunge der 90er Jahre beeinflusst wurde.
Offizielle Website: http://www.kyomusic.com
Chanson-Texte: http://www.paroles.net/artis/1503

La Grande Sophie: Weicher und natürlicher Rock …
Offizielle Website: http://lagrandesophie.artistes.universalmusic.fr
Chanson-Texte: http://www.paroles.net/artis/2582

Louise Attaque: Rockmusik, bei der die Geige und die Stimme des Sängers eine tragende Rolle spielen. Die Performance der Gruppe begeistert das Publikum.
Offizielle Website: http://www.louiseattaque.com
Chanson-Texte: http://www.paroles.net/artis/1068

Miossec: Eine Persönlichkeit, deren Qualen deutlich zum Ausdruck kommen, Texte in eher bitterem Ton. Ein großes Talent.
Offizielle Website: http://www.christophemiossec.com
Chanson-Texte: http://www.paroles.net/artis/2622

MC Solaar: Als avantgardistischer Künstler beweist MC Sollar, dass man gleichzeitig Rapper und Dichter sein kann.
Offizielle Website: http://www.solaarsystem.net
Chanson-Texte:
http://www.patleck.com/lyrics/mcsolaar/quisemelevent.htm

Mickey3d: Engagierte Pop-Musik, manchmal etwas pessimistisch. Themen von Mickey3d sind Umweltverschmutzung, Rassismus und Routine.
Offizielle Website: http://www.mickey3d.com/main.htm
Chanson-Texte: http://www.paroles.net/artis/2620

Pascal Obispo: Seine Musik ist manchmal romantisch und traurig, manchmal ganz leicht. Seine Musik und auch die Texte sind von ausgesuchter Qualität.
Offizielle Website: http://www.sonymusic.fr/obispo/2004
Chanson-Texte: http://www.paroles.net/artis/1723

Raphaël: Seine Musik bewegt sich zwischen Rock und Pop, seine Texte sind manchmal engagiert, manchmal einfach nur wirklichkeitsnah, zwischen Philosophie und Lyrik.
Offizielle Website: http://www.raphael.fm
Chanson-Texte: http://www.paroles-musique.com/Variete/Raphael

Ridan: Texter und Komponist von Chansons, für die hauptsächlich die Texte wichtig sind. Ridan erzählt vom grauen Alltag am Rande der Gesellschaft und berührt sein Publikum, wenn er von seinem eigenen Leben spricht.
Offizielle Website: http://www.sonymusic.fr/ridan/index.php
Chanson-Texte: http://ridan.forumactif.com/forum1-textes.htm

Sanseverino: Seine Chansons wurden von der Zigeunermusik und vom Zigeunerjazz beeinflusst. Zunächst spielte er mit verschiedenen Gruppen und Anfang der 90er Jahre begann er seine Solokarriere. Er schreibt und komponiert seine Chansons selbst.
Sanseverino: http://le.coin.sanseverino.free.fr/liens
Chanson-Texte: http://www.paroles.net/artis/3521

Siméo: Dieser Künstler ist Autor, Komponist und Interpret. Er hat sehr viel Humor, und seine Chansons bereichern die französische Szene mit ihrer Originalität.
Offizielle Website: http://www.chezsimeo.com

Tarmac: Diese Gruppe entstand nach der Spaltung der Gruppe Louise Attaque. Ihre sehr schlichte, reine Musik ist vom Folk und von keltischer Musik inspiriert. Die Geige spielt eine große Rolle in diesen schönen und melancholischen Melodien.
Offizielle Website: http://www.tarmacmusiconline.com
Chanson-Texte: http://www.paroles.net/artis/2699

9 Adresses et méls utiles

Sie suchen aktuelle Informationen zu einem bestimmten Thema, Sie möchten einen Austausch organisieren, Ihre Schüler möchten in Frankreich studieren oder ein Praktikum machen, Sie suchen Übungen zu einer bestimmten Grammatikfrage – mit den Adressen dieses Kapitels versuchen wir, Ihnen die Beantwortung dieser Fragen zu erleichtern. Wir haben uns bemüht, die Angaben auf den neuesten Stand zu bringen, können jedoch keine Garantie für falsche, unvollständige oder inzwischen geänderte Adressen übernehmen.

1 Ambassades

Ambassade de France en Allemagne
Pariser Platz 5
10117 Berlin
Tel.: 030-590039000
www.botschaft-frankreich.de

Website mit einer wahren Fundgrube an Informationen über Frankreich und Deutschland, einer Mediothek mit vielen Fotos und Videodokumenten und der Möglichkeit, eine französischsprachige Wochenzeitschrift mit Auszügen aus der deutschen Presse zu abonnieren.

Ambassade de Belgique
Jägerstraße 52–53
10117 Berlin
Tel.: 030-206420
Fax: 030-20642200
Berlin@diplobel.org
http://www.diplomatie.be/berlin

Ambassade du Canada
Botschaft von Kanada in Berlin
Leipziger Platz 17
10117 Berlin
Tel.: 030-20312-0
Fax: 030-20312-121
berlin-pa@international.gc.ca
http://www.kanada-info.de

2 Instituts français en Allemagne

Die französischen Kulturinstitute organisieren Sprachkurse, Lehrerfortbildungen und kulturelle Veranstaltungen. Sie verfügen über eine Bibliothek und Videothek und können vielerlei Informationen über Frankreich geben. Jedes Institut hat eine pädagogische Verbindungsstelle, die unter anderem auch bei der Suche nach einer Partnerschule oder einem Studienplatz in Frankreich behilflich sein kann.

Institut culturel franco-allemand d'Aix-la-Chapelle
dfki@hotmail.com
http://www.kultur-frankreich.de/aachen

Institut français de Berlin
info.berlin@kultur-frankreich.de
http://www.kultur-frankreich.de/berlin

Institut Robert Schumann de Bonn
info.bonn@kultur-frankreich.de
http://www.kultur-frankreich.de/bonn

Institut français de Brème
info.bremen@kultur-frankreich.de
http://www.kultur-frankreich.de/bremen

Institut français de Dresde
info.dresden@kultur-frankreich.de
http://www.kultur-frankreich.de/dresden

Institut français de Düsseldorf
verwaltung@if-duesseldorf.org
http://www.kultur-frankreich.de/dusseldorf

Bureau culturel français d'Erfurt
voisin@tsk.thueringen.de
http://www.kultur-frankreich.de/erfurt

Institut franco-allemand d'Erlangen
info.erlangen@kultur-frankreich.de
http://www.kultur-frankreich.de/erlangen

Institut culturel franco-allemand de Essen
dtfrzkult-essen@t-online.de
http://www.kultur-frankreich.de/essen

Institut français de Francfort
info.frankfurt@kultur-frankreich.de
http://www.kultur-frankreich.de/frankfurt

Centre culturel français Freiburg
info@ccf-fr.de
http://www.kultur-frankreich.de/freiburg

Institut français de Hambourg
kultur.hamburg@kultur-frankreich.de
http://www.kultur-frankreich.de/hamburg

Bureau culturel français de Hanovre
bcf.niedersachsen@kultur-frankreich.de
http://www.kultur-frankreich.de/hannover

Bureau de la coopération universitaire de Heidelberg
acu.heidelberg@kultur-frankreich.de
http://www.kultur-frankreich.de/heidelberg

Centre culturel franco-allemand de Karlsruhe
info@ccf-ka.de
http://www.kultur-frankreich.de/karlsruhe

Centre culturel français de Kiel
ccfkiel@t-online.de
http://www.kultur-frankreich.de/kiel

Institut français de Cologne
info@ifcologne.de
http://www.kultur-frankreich.de/koln

Institut français de Leipzig
info.leipzig@kultur-frankreich.de
http://www.kultur-frankreich.de/leipzig

Institut français de Mayence
dispot@uni-mainz.de
http://www.kultur-frankreich.de/mainz

Institut français de Munich
info.muenchen@kultur-frankreich.de
http://www.kultur-frankreich.de/munchen

Institut français de Rostock
info.rostock@kultur-frankreich.de
http://www.kultur-frankreich.de/rostock

Institut d'études françaises de Sarrebruck
info.saarbruecken@kultur-frankreich.de
http://www.kultur-frankreich.de/saarbrucken

Institut français de Stuttgart
info.stuttgart@kultur-frankreich.de
http://www.kultur-frankreich.de/stuttgart

Institut culturel franco-allemand de Tübingen
icfa-tuebingen@t-online.de
http://www.kultur-frankreich.de/tubingen

3 Echanges scolaires, études, stages en France

ACFAJ Association culturelle franco-allemande pour la jeunesse
Vereinigung, die 1971 von französischen Deutschlehrern gegründet wurde, die den kulturellen und sprachlichen Austausch zwischen jungen Deutschen und Franzosen im Alter von dreizehn bis zwanzig Jahren fördern wollten. Sie organisiert Austauschmaßnahmen für Einzelpersonen und Gruppen.
22 bis, rue du Pont Louis-Philippe
F-75004 Paris
Tel.: 00 33-1-42.71.22.60
http://www.acfaj.org

Stages, séjours à l'étranger, programmes d'échanges
Überblick über internationale Programme, Projekte und Qualifizierungsangebote sowie über Jobs und Praktika, Studium und Freiwilligendienste im Ausland.
http://www.wege-ins-ausland.de

Stages
http://www.athenajob.de
http://www.offres-stage.com
http://www.connexion-emploi.com
http://www.afasp.net/de

Deutsch-französisches Jugendwerk
Das DFJW fördert den Jugendaustausch zwischen:
- Jugendorganisationen
- Sportvereinen
- Sprachenzentren
- Berufsbildungseinrichtungen
- Standesorganisationen und Gewerkschaften
- Schulen und Universitäten
- Gemeinden
- Partnerschaftskomitees.

Das DFJW hilft auch bei der Suche nach einer Partnerschule und bei finanziellen, pädagogischen und sprachlichen Fragen der Austauschmaßnahme.
Molkenmarkt 1–3
10179 Berlin
Tel.: 030-2887570
http://www.dfjw.org

Portail langues franco-allemand
Zweisprachige Seite über Sprache, Austausch und Begegnung, Schule und Studium, Kultur und Alltag, alles Wissenswertes über Deutschland und Frankreich. Website der französischen Botschaft in Deutschland.
http://www.fplusd.de

CIDU – Centre d'Information et de Documentation Universitaire
Dieses Zentrum wurde 1997 von der französischen Botschaft in der Maison de France in Berlin gegründet. Es informiert und berät kostenlos zum Thema Studium und Studentenleben in Frankreich.
Kurfürstendamm 211
10719 Berlin
Tel.: 030-88590285
http://www.cidu.de

Deutsch-Französische Hochschule
Ziel der DFH ist die Stärkung der Zusammenarbeit zwischen Deutschland und Frankreich im Hochschulbereich.
http://www.dfh-ufa.org

Mosaïque du Monde
Mosaïque du Monde ist ein eingetragener gemeinnütziger Verein, der über das Internet pädagogische und kulturelle Austauschmaßnahmen zwischen französischsprachigen Ländern im Süden und Norden entwickelt. Als wahres Netz von Schulen und Kulturinstituten erleichtert MOM sowohl den kulturellen Austausch als auch den Wissenstransfer mittels pädagogischer Werkzeuge.
http://www.mosaiquedumonde.org

Ministère de l'éducation nationale
Informationen über das Schulsystem, Stipendienmöglichkeiten und Universitäten.
http://www.education.gouv.fr

4 Matériel pédagogique

Centre International d'Etudes Pédagogiques Ein Forum für Französischlehrer aus aller Welt, in dem Sie unter anderem Informationen zu DELF und anderen Prüfungen erhalten. Informationen über Aus- und Weiterbildungen für Lehrer.
http://www.ciep.fr

Français des affaires (chambre de commerce et d'industrie de Paris) Unterrichtsmaterial für die Bereiche Wirtschaft und Finanzen.
http://www.fda.ccip.fr

Franc-parler Website der internationalen Vereinigung der Französischlehrer, vielfältiges Unterrichtsmaterial, Forum, Links.
http://www.franc-parler.org

Le Français dans le monde Überblick über alles, was im Französischen und der Frankophonie pädagogisch und kulturell aktuell ist. Sehr gut gemachtes Unterrichtsmaterial.
http://www.fdlm.org

Cavilam Website mit Unterrichtsmaterial, das von den Lehrern des Cavilam erstellt wurde. Besonders interessant sind die zahlreichen Unterrichtsvorschläge zum französischen Chanson, die ständig aktualisiert werden.
http://www.leplaisirdapprendre.com

Paroles de chansons Außergewöhnlich gute Seite mit den Texten der Chansons der meisten großen französischsprachigen Künstler.
http://www.paroles.net

Chanteurs Eine sehr praktische Internetseite, auf der man interessante Informationen über fünfzig französische Chansonsänger der letzten zwanzig Jahre findet.
http://www.lehall.com/galerie/chansonsactuelles/index.html

Poèmes Alle Texte aller Gedichte, die Sie sich vorstellen können. Hinzu kommen Informationen zu den Autoren und ihre Biographie.
http://www.poesie.webnet.fr
Auf dieser Website können Sie vertonte Gedichte auch hören:
http://www.franceweb.fr/poesie

5 Langue et exercices

Initial Unterschiedliche Übungen zum Hör- und Leseverstehen, Grammatik für Anfänger und Lerner mit Grundkenntnissen.
http://www.webinitial.net

Accord Viele sprachliche Aktivitäten (Grammatik, Wortschatz etc.) für Lerner mit Grundkenntnissen und mittleren Kenntnissen.
http://www.didieraccord.com

TV5 Übungen für verschiedene Niveaustufen. Ausgangspunkt sind Internet-Kulturseiten ausländischer Städte (siehe „enseignants", dann „cités du monde").
Kurzfilme zu diversen Themen, die heruntergeladen werden können und gut im Unterricht einsetzbar sind.
http://www.TV5.org

Bonjour de France Übungen zum Hör- und Leseverstehen (verschiedene Niveaustufen).
http://www.bonjourdefrance.com

Français langue étrangère Alles, was man wissen sollte über Französisch als Fremdsprache (FLE).
http://www.edufle.net

Dicofle Wortschatz- und Grammatikübungen. Mittleres und fortgeschrittenes Sprachniveau.
http://www.dicofle.net

Peinturefle Bilder und Zeichnungen bilden hier den Ausgangspunkt für Sprachübungen. Für Lerner mit mittleren und fortgeschrittenen Kenntnissen.
peinturefle.free.fr

Jeu de l'oie In diesem Spiel soll eine Gans nach Hause gebracht werden. Dafür müssen Fragen beantwortet werden. Das Spiel hat mehrere Schwierigkeitsgrade.
http://jeudeloie.free.fr

Jeu du pendu Auf dieser Seite können Schüler – sogar Anfänger – selbstständig Spiele, Puzzle und Rätsel lösen.
http://www.pedagonet.com/jeux/pendu1.html

Jeux éducatifs Spiele über Texte französischer Chansons. Die unbekannten Wörter sind bildlich dargestellt und man kann Musikbeispiele anhören.
http://www.toujoursdesmots.com

Arte radio Im Unterricht lässt sich auch der Radiosender Arte gut einsetzen. Dieser Sender ist nur im Internet verfügbar. Es gibt dort verschiedene Reportagen und Zeitzeugnisse. Nach dem Hören kann man auch überprüfen, ob alles richtig verstanden wurde. Die Zeitschrift *Ecoute* bietet ebenfalls Hörverständnisübungen an, die zu den Sendungen passen.
Die Zuhörer haben darüber hinaus die Möglichkeit, sich ihr eigenes Programm mit Hilfe des Archivs zusammenzustellen.
http://www.arte.com
http://www.ecoute.de

Rfi Radio France Internationale bietet in seiner Rubrik « langue française » diverse Aktivitäten an: hören, lesen, lernen. Für fortgeschrittene Lerner.
http://www.rfi.fr

6 La France en général

Maison de la France
Westendstr. 47
60325 Frankfurt/Main
Tel.: 0190-570025

Touristische Informationen zu Frankreich, Faltblätter, Poster, Pläne.
Info.de@franceguide.com
http://www.franceguide.com

Informations générales sur la France Links und Informationen rund um Frankreich.
http://ratgeber-frankreich.de

Voyage à Paris Mit dieser Adresse fällt es leicht, sich auf einen Aufenthalt an der Seine vorzubereiten.
http://www.paris.fr

Pariscope Hier erfahren Sie alles, was in Paris passiert – Kinos, Theater, Ausstellungen, kulturelle Veranstaltungen aller Art.
http://www.pariscope.fr

Manifestations culturelles en Allemagne Diese Seite informiert regelmäßig über Kulturereignisse in ganz Deutschland. Sie ist die offizielle Homepage aller Instituts français in Deutschland, sie enthält auch Veranstaltungshinweise und Termine für Sprachkurse. http://www.kultur-frankreich.de

Manifestations culturelles en France Das französische Ministère de la culture et de la communication bietet hier eine umfangreiche Sammlung an weiterführenden Links zu allen Aspekten des kulturellen Lebens in Frankreich.
http://www.culture.fr

7 Journaux et revues

Quotidiens :

- Le Figaro http://www.lefigaro.fr
- l'Humanité http://www.humanite.presse.fr
- Libération http://www.liberation.fr
- Le Monde http://www.lemonde.fr

Périodiques :

- Elle http://www.elle.fr
- L'Express http://www.lexpress.presse.fr
- L'Expansion http://www.expansion.tm.fr
- Le Monde diplomatique http://www.monde-diplomatique.fr
- Le nouvel Observateur http://www.nouvelobs.com
- Le Point http://www.lepoint.fr

8 Télévision et radio

Quelques chaînes de télévision :

TF1 :	http://www.tf1.fr
France 2 :	http://www.france2.fr
France 3 :	http://www.france3.fr
M 6 :	http://www.m6.fr
TV5 :	http://www.tv5.org
Arte :	http://www.arte-tv.com

Besonders empfehlenswert ist das Magazin „Karambolage" jeden Sonntag Abend um 20 Uhr (15 Minuten). Mit kritischem und humorvollem Blick werden deutsche und französische Gegenstände, Wörter und Sitten untersucht.

Quelques stations de radio :

Radio France Internationale :	http://www.rfi.fr
France Info :	http://www.radio-france.fr
Europe 1 :	http://www.europe1.fr
RTL :	http://www.rtl.fr
NRJ :	http://www.nrj.fr

9 Francophonie

Offizielle Website der Francophonie:
http://www.francophonie.org

Die folgende Website gibt Ihnen sehr ausführliche Informationen über die frankophonen Länder: http://www.tlfq.ulaval.ca/axl.
Hier erhalten Sie nicht nur einen Überblick über die Geschichte der französischen Sprache und über die Frankophonie in der gesamten Welt, sondern auch Informationen zu einzelnen Ländern, zum Beispiel über das Französisch in Kanada oder den DOM TOM. Sie finden eine Weltkarte aller frankophonen Staaten und sogar den Text der *Charte de la Francophonie* in seinem vollständigen Wortlaut. Man kann ersehen, welche der Staaten « unilingue », « bilingue » oder sogar « trilingue » sind und gelangt über die Links direkt auf die jeweiligen Länderseiten.

10 Abréviations et sigles

Abkürzungen werden in Frankreich sehr häufig benutzt. Vor allem in Zeitungsartikeln werden sie nicht selten ohne weitere Erklärungen verwendet. Da viele in Nachschlagewerken schwer zu finden sind, haben wir ein Verzeichnis der gängigsten Abkürzungen zusammengestellt. Selbstverständlich erhebt dieses Verzeichnis keinen Anspruch auf Vollständigkeit. Berücksichtigt wurden bis auf wenige Ausnahmen nur Abkürzungen französischer Ausdrücke. Sind ausführliche Erläuterungen notwendig, so sind diese durch das Symbol ⧫ gekennzeichnet.

A

A+ ou @+ :	⧫ forme écrite de l'expression *à plus tard* qui ne s'emploie plus aujourd'hui que tronquée. On dit *à plus* (prononcez le s) pour *salut, au revoir*.
Abb. :	Abbaye
AB :	Airbus / Assez Bien / Agriculture Biologique
abstr. :	abstrait
AC :	Administration Centrale / Appellation Contrôlée / Allocation Chômeur
ACE :	Adresse de Courrier Electronique/ Avion de Combat Européen
ACF :	Action contre la faim / Automobile Club de France
ACRE :	Aide à la Création d'Entreprise
ADEME :	Agence de l'Environnement et de la Maîtrise de l'Energie
ADMD :	Association pour le Droit de Mourir dans la Dignité
ADN :	Acide DésoxyriboNucléique
Adr. :	Adresser
AFNOR :	Association Française de NORmalisation
AGF :	Assurances Générales de France
ANPE :	Agence Nationale pour l'Emploi
AOC :	Appellation d'Origine Contrôlée
AOG :	Appellation d'Origine Garantie

AOP : Appellation d'Origine Protégée
APE : Allocation Parentale d'Education / Association de Parents d'Elèves
AR : Accusé de Réception
ARS : Allocation de Rentrée Scolaire ♦ Cette allocation existe depuis 1993 pour les familles démunies dont les revenus annuels ne dépassent pas un certain plafond et s'élève à 250 € par enfant.
ARTT : Aménagement et Réduction du Temps de Travail ♦ Suite à la loi Aubry, la durée du travail hebdomadaire est fixée à 35 heures depuis le 1er janvier 2000.
Asc. : Ascenseur
ASSEDIC : ASSociation pour l'Emploi Dans l'Industrie et le Commerce
ATP : Association des Tennismen Professionnels
ATTAC : Association pour la Taxation des Transactions Financières pour l'Aide aux Citoyens (voir chapitre « Thèmes d'actualité »)
Ave : Avenue
AVC : Accident Vasculo-Cérébral (Schlaganfall)
av. J.-C. : avant Jésus-Christ

B

BAFA : Brevet d'Aptitude aux Fonctions d'Animateur
BCBG : Bon Chic Bon Genre
BCG : vaccin Bilié de Calmette-Guérin (vaccin contre la tuberculose)
bcp : beaucoup
BD : Bande Dessinée, appelée aussi le 9ème art
BDC : Brevet Des Collèges ♦ ancien BEPC
BDF : Banque De France / Bibliothèque De France
bd, boul. : boulevard
BEP : Brevet d'Etudes Professionnelles
BEPC : Brevet d'Etudes du 1er Cycle
BIRD : Banque Internationale pour la Reconstruction et le Développement
BN : Bibliothèque Nationale
BNP : Banque Nationale de Paris
BO : Bulletin officiel
BSN : Boussois Souchon Neuvecel (première entreprise française d'agro-alimentaire)
BT : Brevet de Technicien

BTA :	Brevet de Technicien Agricole
BTS :	Brevet de Technicien supérieur
bull. :	Bulletin

C

c.-à-d. :	c'est-à-dire
CAD :	Comité d'Aide au Développement
CAF :	Coût, Assurances, Fret
CAO :	Conception Assistée par Ordinateur
CAP :	Certificat d'Aptitude Professionnelle
CAPA :	Certificat d'Aptitude à la Profession d'Avocat
CAPES :	Certificat d'Aptitude au Professorat de l'Enseignement du second Degré
cat. :	Catalogue
CC :	Corps Consulaire
CCP :	Compte Chèques Postaux
CD :	Disque compact / Corps Diplomatique
CDD :	Contrat à Durée Déterminée
CDI :	Contrat à Durée Indéterminée
CdF :	Charbonnage de France
CE :	Conseil de l'Europe / Conseil Economique
CEA :	Commissariat à l'Energie Atomique / Compte d'Epargne en Actions
CEAO :	Communauté Economique de l'Afrique de l'Ouest
CECA :	Communauté Européenne du Charbon et de l'Acier
CEDEX :	Courrier d'Entreprise à Distribution EXceptionnelle
CEE :	Communauté Economique Européenne (aujourd'hui UE)
CEEA :	Communauté Européenne de l'Energie Atomique
CEI :	Communauté des Etats Indépendants
CER :	Comité d'Expansion Régionale
CERES :	Centre d'Etudes, de Recherches et d'Education Socialistes
CES :	Conseil Economique et Social
CET :	Collège d'Enseignement Technique
cf. :	confer (reportez-vous à)
CFC :	ChloroFluoCarbone
CFDT :	Confédération Française et Démocratique du Travail
CFP :	Centre de Formation Permanente
CFTC :	Confédération Française des Travailleurs Chrétiens

CGC : Confédération Générale des Cadres
CGT : Confédération Générale du travail
chap. : Chapitre
Chbre : Chambre
Ch.comp. : Charges comprises
chq. : Chèque
CHR : Centre Hospitalier Régional
CHU : Centre Hospitalier Universitaire
Cial : Commercial
CIC : Crédit Industriel et Commercial
cidex : Courrier d'Industrie à Distribution EXceptionnelle
CLD : Chômeur Longue Durée
CMU : Couverture Maladie Universelle ♦ permet à toute personne résidant en France de façon stable et régulière de bénéficier de la sécurité sociale pour la prise en charge de ses dépenses santé.
CNAF : Caisse Nationale d'Allocations Familiales
C.Nap. : Code Napoléon
CNI : Centre National des Indépendants
CNIT : Centre National des Industries et des Techniques
CNPF : Conseil National du Patronat Français
CNRS : Centre National de la Recherche Scientifique ♦ le CNRS est un organisme public de recherche fondamentale placé sous la tutelle du Ministre chargé de la Recherche. 26 000 chercheurs et ingénieurs exercent leur activité dans tous les champs de la connaissance.
CO : Conseiller d'Orientation
Coll. : Collection
Com. : Commission
COM : Collectivités d'Outre-Mer (la Polynésie française par exemple)
Conf. : Conférence
CPE : Conseiller Principal d'Education / Contrat Première Embauche ♦ Mesure prise par le gouvernement, début 2006, pour lutter contre le chômage des jeunes. Contrat à durée indéterminée rémunéré, le CPE prévoyait une période d'essai de 24 mois, où le jeune pouvait être licencié à tout moment. Le CPE, mal compris par la population, fut annulé suite à de nombreuses grèves et manifestations.

CPGE : Classe Préparatoire aux Grandes Ecoles
CQFD : Ce Qu'il Fallait Démontrer
CREDOC : Centre de Recherches, d'Etudes et de DOcumentation sur la Consommation
CRF : Croix Rouge Française
CROUS : Centre Régional des Oeuvres Universitaires et Scolaires
CRS : Compagnies Républicaines de Sécurité
CV : Curriculum Vitae

D

DAB : Distributeur Automatique de Billets
DASS : Direction de l'Action Sanitaire et Sociale
DCA : Défense Contre Avions
DEA : Diplôme d'Etudes Approfondies
Dept. : Département
Desse : Duchesse
DEUG : Diplôme d'Etudes Universitaires Générales
DGSE : Direction Générale de la Sécurité Extérieure
DOM-TOM : Départements et Territoires d'Outre-Mer ♦ Les DOM se composent depuis 1946 de la Martinique, la Guyane, la Guadeloupe et la Réunion et, depuis 1976, de Saint-Pierre-et-Miquelon. Les TOM se composent de la Nouvelle-Calédonie, Wallis-et-Futuna, la Polynésie française, les Terres australes et antarctiques françaises, Mayotte. Ils font partie intégrante de la République Française, leurs ressortissants sont citoyens français.
DRH : Directeur des Ressources Humaines (chef du personnel d'une entreprise)
DST : Devoir Sur Table (Klassenarbeit)
DQP : Dès Que Possible

E

E : Est
EBS : Encéphalopathie Spongiforme Bovine ou maladie de la vache folle
ECG : ElectroCardioGramme
éd.(or.) : Edition (Originale)
EDF : Electricité De France

ENA : Ecole Nationale d'Administration
Env. : Environ, Envoyer
EPS : Education Physique et Sportive
ER : En Retraite
ETA : Euzkadi Ta Askatasuna (le Pays basque et sa liberté)
Et seq : Et sequens (et la suite)
extr. : Extrait

F

fasc. : Fascicule
faub., fb : Faubourg
FEN : Fédération de l'Education Nationale
FFA : Forces Françaises en Allemagne
FIAC : Foire Internationale d'Art Contemporain
fig. : Figure
FLN : Front de Libération Nationale (parti nationaliste algérien)
FLNC : Front de Libération Nationale de la Corse
FMI : Fonds Monétaire International
FN : Front National (voir p. 98)
FNAC : Fédération Nationale d'Achat des cadres
FNSEA : Fédération National des Exploitants Agricoles
FO : Force Ouvrière
FS : Faire Suivre / Franc Suisse

G

GAB : Guichet Automatique Bancaire
GATT : General Agreement on Tariffs and Trade (accord général sur les tarifs douaniers et le commerce)
GB : Grande Bretagne
GERTRUDE : Gestion Electronique de la Régulation du Trafic RoUtier Défiant les Embouteillages
GHB : acide Gamma Hydro Butyrique ⧫ le GHB, appelé aussi drogue du viol, est un produit stupéfiant dont les utilisateurs se servent pour favoriser les relations sexuelles « forcées ». Le produit serait parfois mis dans les boissons à l'insu des consommatrices. (KO-Tropfen)
GIC : Grand Invalide Civil
GIG : Grand Invalide de Guerre

GIGN : Groupe d'Intervention de la Gendarmerie Nationale
GM : Gentil Membre (du Club Méditerranée)
GO : Gentil Organisateur / Grandes Ondes
GOF : Grand Orient de France
G.R. : Grande Randonnée (sentier)
G8 : Groupe d'Union des Huit ♦ Sommet des chefs d'Etats ou de gouvernements des 8 premiers pays industriels occidentaux (Allemagne Fédérale, Canada, France, Grande-Bretagne, Italie, Japon, USA, Russie depuis 1997) qui assurent plus de 50 % de la production mondiale afin d'étudier des problèmes économiques, monétaires et politiques. Origine : proposition, en 1975, d'un sommet monétaire par le Pt Giscard d'Estaing.
gvt : Gouvernement

H

hab. : Habitant
h.c. : Hors Commerce
HCE : Haut Comité à l'Environnement
HCR : Haut Commissariat des Nations unies pour les Réfugiés
HEC : Hautes Etudes Commerciales (grande école de commerce)
HLM : Habitation à Loyer Modéré
h.t. : Hors Texte

I

IA : Inspecteur d'Académie
Ibid. : Ibidem (au même endroit)
id. : Idem (le même)
IDHEC : Institut des Hautes Etudes Cinématographiques
IDS : Initiative de Défense Stratégique
IGF : Impôt sur les Grandes Fortunes
i.h.l. : In hoc loco (en ce lieu)
ill. : Illustré
IMA : Institut du Monde Arabe ♦ L'Institut du Monde Arabe est une fondation visant à faire connaître la culture arabe aux publics français et européens grâce à son musée (architecte Jean Nouvel).
In loc. : In loco (à sa place)

INR : Institut National Belge de la Radiodiffusion
INRI : Iesus Nazarenus Rex Iudaeorum (Jésus de Nazareth, roi des Juifs)
INSEE : Institut National de la Statistique et des Etudes Economiques
ISBL : Institut Sans But Lucratif
ISBN : International Standard Book Number
ISF : Impôt de Solidarité sur la Fortune
ITER : International Thermonuclear Experimental Reactor ⧫ Nom du gigantesque réacteur de fusion thermonucléaire expérimental qui sera construit à Caradache, dans le sud de la France. Les six membres du projet sont l'Union Européenne, la Chine, le Japon, la Corée du Sud, la Russie et les Etats-Unis.
IUT : Institut Universitaire de Technologie
IVG : Interruption Volontaire de Grossesse

J

J.-C. : Jésus-Christ
JCD : Jeune Cadre Dynamique
JCR : Jeunesse Communiste Révolutionnaire
JEC : Jeunesse Etudiante Chrétienne
JF : Jeune Fille
JH : Jeune Homme
JO : Journal Officiel / Jeux Olympiques
JOC : Jeunesse Ouvrière Chrétienne

K

KO : Knock-out (hors de combat)

L

LEA : Langues Etrangères Appliquées
LEP : Livret d'Epargne Populaire / Lycée d'Enseignement Professionnel
LICRA : Ligue Internationale Contre le Racisme et l'Antisémitisme
LL.AA, : Leurs Altesses
LO : Lutte Ouvrière ⧫ Porte parole : Arlette Laguiller
loc.cit. : Loco citato (endroit cité)
loc. laud : Loco laudato (passage loué)

LPA : Lycée Professionnel Agricole
LR : Lettre Recommandée
LV : Langue Vivante
LVMH : Louis Vuitton-Moët-Hennessy ♦ Groupe industriel regroupant diverses industries de luxe.

M

M. : Monsieur
MAIF : Mutuelle d'Assurance Automobile des Instituteurs de France
MCC : Ministère de la Culture et de la Communication
MDA : Méthylène-Dioxy-Amphétamine
M^{e} : Maître (titre donné aux avocats)
MECV : Ministère de l'Environnement et du Cadre de Vie
MEDEF : Mouvement des Entreprises de France (ancien CNPF, syndicat du patronat français)
MF : Modulation de Fréquence
MGEN : Mutuelle Générale de l'Education Nationale
MIDEM : Marché International du Disque et de l'Edition Musicale
MIN : Marché d'Intérêt National
Min. : Ministère
Mio : Million
MJC : Maison des Jeunes et de la Culture
MLF : Mouvement de Libération des Femmes
Mlle : Mademoiselle
MM : Messieurs
Mme : Madame
MNAM : Musée National d'Art Moderne
MNEF : Mutuelle Nationale des Etudiants de France
MODEM : MOdulateur-DEModulateur
MOI : Main d'Oeuvre Immigrée
MP : A remettre en Main Propre
MPS : Système Microprocesseur
MRAP : Mouvement contre le Racisme, l'Antisémitisme et pour la Paix
Mrd : Milliard
MST : Maladies Sexuellement Transmissibles

N

N : Nord

NAC : Nouveaux Animaux de Compagnie ♦ Les serpents, mygales, scorpions, chinchillas, furets et autres animaux exotiques remplacent de plus en plus souvent les chiens et les chats dans les foyers français.

NAP : Neuilly Auteuil Passy (banlieues les plus chics et chères de Paris)

NB : Nota bene

nbr. : Nombreux

N-D : Notre-Dame

NDLR : Note De La Rédaction

N° : Numéro

NRF : Nouvelle Revue Française

N.T. : Nouveau Testament

O

O : Ouest

OAS : Organisation de l'Armée Secrète

OCDE : Organisation de Coopération et de Développement Economique ♦ organisation créée en 1960, langues officielles : anglais et français, comprend actuellement 30 membres, a pour but de renforcer l'économie des pays membres pour la rendre plus efficace, promouvoir l'économie de marché, développer le libre échange, contribuer à la croissance aussi bien des pays industrialisés que de ceux en développement, membres fondateurs : Allemagne, Autriche, Belgique, Canada, Danemark, Espagne, Etats-Unis, France, Grèce, Irlande, Islande, Italie, Luxembourg, Norvège, Pays-Bas, Portugal, Royaume-Uni, Suède, Suisse, Turquie.

OGM : Organisme Génétiquement Modifié

OIF : Organisation Internationale de la Francophonie

OLP : Organisation de Libération de la Palestine

OMC : Organisation Mondiale du Commerce

OMS : Organisation Mondiale de la Santé ♦ 191 pays sont membres de l'OMS dont l'assemblée mondiale se réunit une fois par an. L'OMS a pour but d'amener tous les peuples au niveau de santé le plus élevé possible.

ONG :	Organisation Non Gouvernementale
ONU :	Organisation des Nations Unies
OPA :	Offre Publique d'Achat
OPEP :	Organisation des Pays Exportateurs de Pétrole
orig. :	Original
ORSEC :	ORganisation des SECours
OS :	Ouvrier Spécialisé
OTAN :	Organisation du Traité de l'Atlantique Nord
OTHQ :	Ouvrier Très Hautement Qualifié
OVNI :	Objet Volant Non Identifié

P

p., p.p. :	Page, Pages
p.A. :	Per Adresse (aux bons soins de)
p.a. :	Per annum (par an)
PACS :	Pacte Civil de Solidarité ⧫ contrat conclu entre deux personnes de même sexe ou de sexe différent, sorte de « mariage allégé » (pas de droit à l'héritage, ni droit à l'adoption par exemple).
PAN :	Pacte de l'Atlantique Nord
PAO :	Production Assistée par Ordinateur
PC :	Parti Communiste / Poste de Commandement
PCC :	Pour Copie Conforme
PCEM :	Premier Cycle d'Etudes Médicales
PCF :	Parti Communiste Français ⧫ Secrétaire nationale : Marie-France Buffet
PCV :	Paiement Contre Vérification à percevoir (R-Gespräch)
P-DG :	Président Directeur Général
PDL :	Pendant la Durée Légale
PEA :	Plan d'Epargne en Actions
PEL :	Plan d'Epargne-Logement
PEP :	Plan d'Epargne Personnalisé
PER :	Plan d'Epargne en vue de la Retraite
Per pro :	Per procurationem (par procuration)
PEVD :	Pays En Voie de Développement
p. ex. :	Par exemple
PFC :	Pour Faire Connaissance
PGCD :	Plus Grand Commun Diviseur
p.i. :	Par intérim

PIB : Produit Intérieur Brut
PJ : Police Judiciaire
Pl. : Place
PMA : Pays les Moins Avancés / Procréation Médicalement Assistée
PME : Petites et Moyennes Entreprises
PMI : Petites et Moyennes Industries
PMU : Pari Mutuel Urbain ♦ Pari sur les courses de chevaux très populaire en France. En 2001, les Français ont joué 6,17 milliards d'euros au PMU, soit 9 € en moyenne.
PNB : Produit National Brut
POLMAR : POLlution MARine
POM : Pays d'Outre-Mer ou POM ♦ territoires français, faisant anciennement partie des territoires d'outre-mer (TOM) qui regroupent la Polynésie française et la Nouvelle-Calédonie.
POS : Plan d'Occupation des Sols
PPCM : Plus Petit Commun Multiple
PPM : Partie Par Million (unité utilisée en chimie)
PS : Post-Sriptum / Parti Socialiste ♦ 1er Secrétaire : François Hollande
PSA : Peugeot Société Anonyme
PSG : Paris Saint Germain (équipe de football)
PTT : Postes Télégraphes Téléphones (aujourd'hui : Postes et Télécommunication)
PUF : Presses Universitaires de France
PV : Procès Verbal (Strafzettel)
PVC : Polychlorure de Vinyle
PVD : Paquet avec Valeur Déclarée

Q

Q. : Question
qc : Quelque chose
QCM : Questionnaire à Choix Multiple
QG : Quartier Général
QI : Quotient d'Intelligence
qn : Quelqu'un
qq : Quelques
Q.v. : Quantum vult (autant qu'on veut)

R

r. :	Recto
R. :	Rue / Réponse
RAP :	Régie Autonome des Pétroles
RAS :	Rien à Signaler
RATP :	Régie Autonome des Transports Parisiens
RDA :	République Démocratique Allemande
RER :	Réseau Express Régional
RF :	République Française
RFA :	République Fédérale d'Allemagne
RIB :	Relevé d'Identité Bancaire
RMI :	Revenu Minimum d'Insertion ♦ Le RMI a été créé en 1988 afin de permettre à chacun de disposer de ressources suffisantes pour faire face à ses besoins et favoriser la réinsertion des plus démunis. Pour en bénéficier, il faut résider en France (les étrangers résidents peuvent donc le recevoir aussi), avoir 25 ans minimum, s'engager à s'insérer dans la société. Il s'élève actuellement à 450 € par mois pour une personne seule.
RNUR :	Régie Nationale des Usines Renault
RPR :	Rassemblement Pour la République
RSVP :	Répondez s'il vous plaît
Rte :	Route
RTT :	Réduction du Temps de Travail (voir ARTT) ♦ Abréviation apparue au moment de l'instauration de la semaine des 35 heures. L'expression : « prendre ses RTT » fait partie du langage quotidien des Français : cela veut dire prendre un congé (une demi-journée, une journée ou plusieurs jours) pour compenser les heures travaillées au-delà des 35 heures hebdomadaires.
RV :	Rendez-Vous

S

S :	Sud
SA :	Société Anonyme
SAC :	Service d'Action Civique
SACEM :	Société des Auteurs, Compositeurs et Editeurs de Musique

SARL : Société A Responsabilité Limitée
SABENA : Société Anonyme BElge de Navigation Aérienne
sc. : Scène
s.d. : Sans date
S.d.b. : Salle de bains
SDF : Sans Domicile Fixe (Obdachloser)
SDI : Stratégie Défense Initiative
SDN : Société des Nations
SECAM : Séquentiel à Mémoire
SEITA : Société nationale d'Exploitation Industrielle des Tabacs et Allumettes
SEM : Société d'Economie Mixte
SEO : Sauf Erreur ou Omission
SERNAM : SERvice NAtional des Messageries
SF : Sans Frais
SFIO : Section Française de l'Internationale Ouvrière
SFP : Société Française de Production et de création audiovisuelle
SG : Société Générale
SGDG : Sans Garantie Du Gouvernement
SGEN : Syndicat Général de l'Education Nationale
s.i. : Sauf imprévus
SI : Syndicat d'Initiative
Sic : Ainsi
SICAV : Société d'Investissement à CApital Variable
SICOB : Salon des Industries du Commerce et de l'Organisation du Bureau
SIDA : Syndrome ImmunoDéficitaire Acquis (AIDS)
Sig. : Signature
SMAG : Salaire Minimum Agricole Garanti
SME : Système Monétaire Européen
SMIC : Salaire Minimum Interprofessionnel de Croissance (avant 1970, SMIG)

⧫ Le SMIC est le niveau de salaire horaire brut au-dessous duquel aucun employeur ne peut descendre pour rémunérer un salarié valide adulte. La réévaluation se fait automatiquement sur l'indice de l'INSEE dès que celui-ci a augmenté de plus de 2 %. Le montant du SMIC est actuellement de 1154 € par mois.

SNCF : Société Nationale des Chemins de Fer Français
SNECMA : Société Nationale d'Etudes et de Construction de Moteurs d'Avions
SNES : Syndicat National des Enseignements du Second Degré
SOFRES : SOciété FRançaise d'Enquêtes par Sondage
SPA : Société Protectrice des Animaux
Sq. : Square
Sté : Société
STO : Service du Travail Obligatoire
SVP : S'il vous plaît
SVT : Sciences Vie et Techniques

T

TCA : Taxe sur le Chiffre d'Affaires
TD : Travaux Dirigés
TEE : Trans-Europ-Express
TF1 : Télévision Française 1ère Chaîne
TGV : Train à Grande Vitesse
TIR : Transports Internationaux Routiers
TMS : Troubles Musculo-Squelettiques ♦ Les TMS sont les premières maladies professionnelles. Elles sont identifiables par la combinaison d'une douleur et d'une activité professionnelle comportant des gestes répétitifs (ex : tendinite de l'épaule ou du coude).
TNP : Théâtre National Populaire
TOM : Territoire d'Outre-Mer (voir DOM)
TP : Travaux Pratiques
trad. : Traducteur / traduit par
3D : Trois Dimensions
TSF : Télégraphie Sans Fil
TSVP : Tournez s'il vous plaît
TTC : Toutes Taxes Comprises
Tt cft : Tout Confort
TV : Télévision
TVA : Taxe à la Valeur Ajoutée
TVHD : Télévision à Haute Définition

U

UAP :	Union des Assurances de Paris
UDF :	Union pour la Démocratie Française ♦ Président : François Bayrou
UDR :	Union des Démocrates pour la 5ème République
UER :	Unité d'Enseignement et de Recherche
UHT :	Ultra Haute Température
UJP :	Union des Jeunes pour le Progrès
ULM :	Ultra-Léger Motorisé
UMP :	Union pour un Mouvement Populaire ♦ Parti créé en 2002 regroupant RPR et UDF. Président : Nicolas Sarkosy
UNEF :	Union Nationale des Etudiants de France
Univ. :	Université
URSSAF :	Union pour le Recouvrement des cotisations de la Sécurité Sociale et des Allocations Familiales
USINOR :	Union SIdérurgique du NORd de la France
UV :	Unité de Valeur

V

v. :	Voir, voyez
VDQS :	Vin Délimité de Qualité Supérieure
V.F. :	Version Française
V.O. :	Version Originale
VP :	Vice-Président
VPC :	Vente Par Correspondance
VQPRD :	Vin de Qualité Produit dans des Régions Déterminées
VRP :	Voyageurs de commerce, Représentants et Placiers
VSL :	Volontaire Service Long
VSNA :	Volontaire pour le Service National Actif au titre de la coopération
VSNE :	Volontaires du Service National en Entreprise
VTT :	Vélo Tout Terrain
v.v. :	Vice versa
Vve :	Veuve
VVF :	Villages Vacances Familles
vx :	Vieux

X

X. : Inconnu, anonyme

Y

YCF : Yacht Club de France

Z

ZAC : Zone d'Aménagement Concerté

ZEP : Zone d'Education Prioritaire

♦ Les établissements scolaires situés dans les ZEP bénéficient de soutien financier particulier de la part de l'Etat (personnel supplémentaire, petites classes ...).

ZI : Zone Industrielle

ZIP : Zone Industrielle Portuaire

ZO : Zone Occupée

ZUP : Zone à Urbaniser en Priorité

Index